歴史文化ライブラリー
369

琉球国の滅亡とハワイ移民

鳥越皓之

吉川弘文館

目　次

ハワイ移民という生き方――プロローグ

国の滅亡と移民

琉球国の範域はいまの沖縄県にほぼ重なる。琉球国の成立は尚巴志《しょうはし》が沖縄本島を統一した一四三〇年ごろ。そして琉球国の滅亡は日本国によって廃藩置県《はいはんちけん》のおこなわれた年、一八七九年である。琉球国はおよそ四五〇年間存在した。

世界の歴史をみても、国の滅亡は、大量の移民を生み出すことが多い。国の統治力というタガが外れることがその直接的な原因であろう。もとの国民にとっては、マイナス面では、タガは食べていけなくなったという経済的な原因としてそれはあらわれ、プラス面では、タガが外れたことで、拘束がなくなり、可能性を求めて他に移住をするという形であらわれる。

本書において、琉球国の滅亡後、その民はどのように生きてきたのかを述べたいと思う。私は一九七九年から数年間、アメリカ・ハワイへ渡った沖縄出身の移民の聞き取りをおこなった。かれらは明治の中頃生まれの人が多く、その父母の代が琉球国から沖縄県への移行の時期を体験した人たちである。私の聞き取りとは、その人の一生の歴史、つまり生涯を語ってもらうという、いわゆるライフヒストリーの手法を使った。沖縄からの移民は本土といわれる日本への移民（厳密には国内となったから移住だろう）がたいへん多いが、海外への移民もかなり多い。そのうちで、ハワイが突出している。そこでかれらは自分の生涯をどのように考えながら暮らしたのだろうか。

たとえば、かれらは当然のことながらハワイ固有の問題も経験した。一九四一年一二月七日、かれらは青い上空に編隊を組んだ日の丸の戦闘機を目撃した。日の丸のハチマキを締めたパイロットの姿も小さくみえた。ハワイ・オアフ島（真珠湾）が日本軍の攻撃を受けたのである。かれらは驚きの気持ちで、大きく口を開けて、空を見上げつづけるのだが、その姿勢のまま頭の中では自然に「日本が勝ってくれればエエがのぅ」と日本が勝つように願う心が生まれるのを感じるのである。またこういう人もいた。「日の丸（の飛行機）を見たとき、わしは悲しかったね。嬉しくなかったよ。なぜなれば、ひどい目に遭うということが、もう見えておるから。あのパールハーバー（真珠湾攻撃）のときに漁に出ていたホノルル在の日本人は全員、立って並ばされて、マシンガンでバラバラと撃たれて殺されたそうですよ。みんなスパイだということで。ひどいですよ」（喜屋武盛條）。また別の人は、その日の戦闘で、いわゆる流れ弾に当たって娘を亡くしたと話してくれた（新垣喜勇）。

国家と移民をどうとらえるか

国のあり方という難しい問題と、ひとりひとりの人間の生き方という個別の問題をこの本では考えたいと思う。つまり本書は、近代の移民史というよりも、それぞれの時点での「国家体制下における人間の生き方の歴史」を、移民をつうじて描くことになる。すなわち、国家という政治体制に露骨に直面した移民たちはどのように生きてきたのかを述べたいと思っているのである。琉球国という国家からはじき出された沖縄人の、生きてきた歴史をみようとするのだといってもよい。

このような関心のもとに、たまたま『世界』（一九七八年九月号）を再読していたら、山《やま》里《さと》慈《じ》海《かい》「ハワイ移民抄史」が目にとまった。その論考の冒頭に山里慈海は、最初のハワイ移民が沖縄から出発する一九〇〇年頃は政治的な角逐《かくちく》がすさまじく、「藩閥による沖縄の植民地化からその解放を叫んで猛烈な運動を展開したのが『移民の父』といわれる当山《とうやま》久《きゆう》三《ぞう》で、この革新の嵐の中で彼が奈良原（当時の県知事）一派の移民尚早《しようそう》論と血みどろの闘いの末、かち得たのが初回ハワイ移民だったのである。そこで、移民を語る場合、沖縄現代史とのつながりという史的配慮を以って臨まなければならない。しかし、それは専門家にゆずり」と、明瞭に「沖縄現代史とのつながり」（具体的には、沖縄のそれぞれの時点での政治状況）を分析の視点にすえた移民論が不可欠であることを指摘している。本書で言おうとすることは、それは「専門家にゆずり」と指摘されていることがらである。ただ、この道の専門家としての資格を私が有しているかと問われれば躊躇を感じざるをえない。ともあれ、ハワイで沖縄一世の移民たちと生涯をともに暮らした本願寺派開教師・山里慈海師の言葉は重い。

じつは私は一九七九年のハワイ移民調査のはじめのころから、山里慈海師にはたいへんお世話になった。毎年、山里師のホノルル市にある慈光園を訪れるたびに車であちこちに連れて行ってもらった記憶があるし、ハワイではじめて刺身を食べたのも山里師の招待によるものである。山里師は車を運転しながらも話に熱中したし、カーブが終わるとハンドルを握っている両手を軽く浮かして、ハンドルが自然回転するにまかせて戻すやり方を不安の気持ちで見つめていたのを思い出す。あまり学問的な議論をした記憶はないが、沖縄移民研究の無名の若者にも多くの時間をとり、過分の好意を寄せてくれた気持ちは、いま山里師と同じ年齢になってやっと理解ができる。

ともあれ、本書はこのような視点から述べるのであるから、内容がむずかしくなりがちである。ただ私は、この本を若い人たちに読んでほしくて、読者を高校生程度において、なるべくやさしく書こうと努力した。専門家に読んでいただくのは光栄なことだが、若い人がこの本を読んで、「ある国の下に、人が生涯を送るとはどういうことなのか」を考えてくれれば、と願っているのである。そのため、学問的に独創的なことに焦点を絞るよりも、この社会のしくみがどのようになっているかを説明しようと思っている。そして最後の「ハワイから「沖縄世」を願って――エピローグ」で、私のやや主観的な意見も述べようと思う。

私の前著『沖縄ハワイ移民一世の記録』（中公新書、一九八八年）では、当時、一世の多くは存命だったので、迷惑を恐れてかなりの人たちに仮名を使った。今回はかれらはいわゆる歴史的存在になったので、今後の研究の便宜を考えて全員を実名にして記述している。

琉球国の誕生と栄華

滅亡と移民

国の滅亡とハワイ移民の成立

「ハワイ移民という生き方──プロローグ」で述べたように、一八七九（明治一二）年に琉球国が滅びた。それは俗に、「琉球処分」とよばれている。琉球国は、朝鮮国やいまのタイにあたるシャム国などと並んで、中国皇帝に朝貢をする体制の一員であった。そして中国の権威のもとに、朝貢国どうしも通交をおこなっていた。とはいえ、「皇帝を父とすれば朝鮮は兄、琉球は弟という間柄として観念されていた」（『琉球の時代』）し、同じ朝貢国であったシャムや安南と比較すると、国力において少しばかり劣勢にあった。つまり小国であったのである。けれども大切なことは、中国からもまた朝貢国どうしも、相互に独立国として認め合っていたという事実である。

他方、琉球国を滅ぼした当事者である日本国は、琉球国を独立国として認めていたのであろうか。とりあえずは認めていたといえるが、状況はかなり複雑だ。「とりあえずは」という言い方をせざるを得ないところがある。このことは後でもう少し詳しく述べる必要がある。

「国が滅びると、その民は流浪する」という事実は、世界の歴史ではつねに発生している。そのためそれを、「社会的公理」とでもよびたいほどである。しかしながら、一九八〇年前後にハワイの沖縄移民研究をしていた私は、「ハワイ移民」を研究していたのであって、それを「琉球国の滅亡」と結びつけるほどの視野の広さや深さをそなえていなかった。ただ振り返って考えてみると、ハワイ沖縄移民の一世の人たちは、私が意図して質問していないにもかかわらず、この社会的公理を私に話しかけていたのであった。その話の内容を、その当時の調査結果の一部をまとめた『沖縄ハワイ移民一世の記録』にほんの数頁をつかって私は書き留めてはいる。

それを話の糸口としよう。

移民が語る国の滅亡

ホノルル市スクール通りのやや薄汚れたレストランで、肉入りソバをすすりながら、川上善子《かわかみよしこ》（沖縄でのもとの名は嘉数音《かかずおと》）はつぎのように語ってくれた。「尚王《しょうおう》が東京に連れて行かれるときに、王様は私たちに抵抗をするな、と言われた。そのため、私たちは抵抗をしなかった」。

これは一八七九年の廃藩置県のときに、処分官、松田道之《まつだみちゆき》が五〇〇人ほどの軍隊と警官をともなって、首里城に乗り込み、琉球藩（藩主は尚泰《しょうたい》）を廃止し、尚泰は東京に住むことを命じられた事件をさしている。琉球が処分官によって処分されたので、これを「琉球処分」とよぶことが多い。

川上善子は一九〇〇年島尻郡小禄《おろく》村で生まれているから、これは彼女自身の経験ではなくて、彼女が育った沖縄でか、ハワイに渡ったあと得た知識であるかのいずれかである。この琉球処分によって、王様は東京へ、士族の中下層の多くは家禄を失い、生活の道をたたれた。川上は食卓の紙ナプキンにていねいにつぎのように書き込んで私に渡してくれた。私がナプキンの文字を読んでいる間に、彼女は自分のソバの肉を箸で挟んで、私のソバのなかにそっと入れてくれた。彼女の好意なのであろう。ナプキンにはつぎのように書いてあった。

拝《うが》でなちかしや今帰仁《なきじん》の城　草に鳴く虫ぬ声んかりて　拝でなちかしや廃藩の武士
笠に顔かくち（隠し）馬子《まご》すんち

（今帰仁城に行ってみると、なつかしさがこみあげてくるが、草の中で鳴くはずの虫の音もきこえなかった。廃藩の武士は、恥ずかしさのため、笠で自分の顔を隠して、馬子をしている。なんということだろう。）

一般農民や漁民は、王国が滅亡してもその日から食えないということはない。しかし廃藩にともなって士族たちは家禄没収の憂き目をみた。職を失ったのである。琉球処分のときの内務大書記官であった松田道之は首里の光景として、士族のうちでも窮乏している者は、買い物もできず、とても難渋して、一日中食事もできない者がいると記録している。

ハワイ移民のなかにも、士族の家柄の人はいた。永山盛珍《ながやませいちん》はこの琉球処分のちょうど一〇年後の、一八八九年に生まれた。かれのお父さんの代に琉球処分が実行されたのである。

永山がいうには、かれら一家は、首里から「田舎へ下りていった。それをチュジュウと沖縄語でいいます。〈居住〉のことです。チュジュウになって畑を耕したりしたのです」。一家の生活が苦しくなり、盛珍はハワイに行くことになったのである。「そのころ沖縄には当山さんの下働きがだいぶおって。そして、ハワイはいいところだ、とわしらにいっておった」。ここで出てくる当山久三は、先の山里慈海師の文章にも登場したが、民権運動家として移民運動に熱意をそそいだ人である。かれについては後の「沖縄県の誕生と移民」の章で詳しくとりあげる。

沖縄人への差別の根源

ただ、永山盛珍は国の滅亡にともなう自己の家の没落や、自分がハワイに行く契機となった民権運動にも無関心のようであった。かれはハワイに来ても、夜学校にかよったり、通信教育である早稲田の中等講義録で勉強をしたりして、勉学の努力をしている。このつねに勉学をするというのが、元士族たちの基本姿勢で、他のハワイ移民と目立って異なっていることであった。士族時代はその子弟は幼児期のころから勉学が生活習慣であったからであろう。かれはハワイに来ても、元士族であることを誇りにしていた。また首里という都会出身であることも誇りにしていた。しかしながら、その当時は内地でもそうだったが、ハワイでも沖縄人に対する差別はかなり厳しかった。沖縄はすでに日本のなかの一つの県となっていたが、言葉が相互に通じなかったことが大きな理由だと沖縄からの移民の人たちは言っていた。また、沖縄では豚を飼う伝統があって、ハワイでも養豚業をしている沖縄人の割合が高かった。養豚業は周辺の住民に悪臭を与えるので評判がよくなかった。そのため、沖縄人は臭いというような言い方など、さまざまな形での差別もあった。

永山は以下のようにいう。

長女が結婚していったところは、山口県の者《もん》のところです。山口県の大島郡といってですね、タチのあまりええ（良い）方じゃないですよ。それでも、結婚したときに、沖縄人《ウチナンチユ》いうて、バカにしよったです。それだから、酔うたときに、「沖縄人言うてからに、あまりバカにしなさんなよ」と、わしは言ってやったんですよ。

「沖縄人、いうても、ピンからキリまでありますi」言うてな。

「沖縄県でも首里の人いうたら、かなりええ家《ウチ》があるですよ。沖縄県の永山家いうたら、首里でも立派なサムライよ。ハワイに来たから、まあ、こうなったけど……」

それからもう、わしらのところには、なにもあまり言わんですよ。あとは「永山さん、永山さん」と言って（慕ってきた）。

そしてむこうの娘が結婚するときも、わしは頼まれて、結婚式でむこうの家（嫁方）を代表して、謝辞をまあ、あたりまえに言ったんですがね。謝辞を言えるもんがおらんのですよ、むこうの家には。

なんにもできん者が、ああいうふうにですね、いばるんですよ。なんにもわからんものが、沖縄人いうて、ああいうふうにバカにするんです。大和人《ヤマトンチュ》（日本人）には、言うときにはピシャと言ってやったら、黙るんですね。

日本人（内地の人）によるいわゆる沖縄人への差別の理由として、通常は二つがあげられている。ひとつが、沖縄県出身者は他の県の出身者よりも貧しかったからという「貧困」を理由とするものである。もうひとつは、沖縄県よりも山口県や広島県など他の県の出身者が先にハワイに来ていて、ハワイで一定の地歩を築いていたが、沖縄県民は新参者であったからという、「後発」としての理由である。それらは理由として当たっていないわけではない。とりわけ、ふたつめの後でやって来たからという理由は、内地人と沖縄人との間で言葉が通じないということもあって、相互の壁を強くしたことは事実である。山里慈海はいう。「同胞社会（日本人同胞のこと）の中へ言葉も通ぜず、習慣もちがう沖縄初回移民二十六名が十五年というハンディキャップを背負ってやって来たわけだ。古参兵の前に立たされた初年兵のオドオドした感がなかったであろうか」（『ハワイ沖縄ノート』）。

これら二点の理由は否定できない事実だ。けれども、根源の理由は、沖縄が日本によって滅ぼされた（併合）からだと私は解釈している。この種の差別は、植民地化した朝鮮や台湾（また日清戦争後の中国）の人たちへの差別と同根である。

したがって、永山のように「ピシャと言ってやったら」個人的には解決するだろうけれども、社会的には、負けた国の国民は劣った者という価値観が厳然と生きていたことは否定できない。そのため、沖縄人の差別との個別の闘いは、敗北した国を背負っての闘いであったという事実を無視したくない。

なぜ沖縄では移民が多かったのか

熊本県、山口県、広島県、和歌山県などとならんで、沖縄県は移民県とよばれている。移民に沖縄県出身者が多いからだ。日本が第二次世界大戦に突入する寸前の一九四〇（昭和一五）年段階でみると、海外在留者（いわゆる移民）数は、広島県の七万二〇〇〇人がもっとも多く、熊本県について、沖縄県が五万七〇〇〇人で第三位である。この数字からいうと、沖縄県は、移民の多い県のひとつというだけのことだが、県によって、もともとの人口数が異なる。その時点での県の人口数で割ると、海外在留者数が、広島県で、三・八八％、熊本県が四・七八％、それにたいして沖縄県はなんと、九・九七％で飛び抜けて多い（『日本移民の地理学的研究』）。これは異常に高い数値である。戦前では全国平均で一〇〇人に一人が移民として出て行ったのであるが、沖縄は一〇人に一人なのである。

その理由はなんであろうか。ふつう移民が多い理由の分析は、プッシュ（push）要因と

図1　イモを売る（第2次大戦後の那覇）
大ぶりのイモを売っている様子が窺われる．自分たちの消費分は商品にできない小さいもので，この形態はそれ以前も同じだったのではないかと思われる．

プル（pull）要因というふたつの要因の分析からはじめる。プッシュ要因とは、移民を出す側の国や県の事情を考えることである。プル要因とは、それを受け入れる国の要因のことである。他県に比べて、沖縄県が多いというとき、それはプッシュ要因を考えることになる。

いままでの研究によると、プッシュ要因としてなんどもあげられているのが「貧困」という理由である。すなわち、貧しいから移民をするという説明である。これはたいへん説得的である。事実、私が調査をしたハワイ移民一世のことばにもつぎのようなものがある。「お父さんとお母さんは貧乏でしたけぇ、ハナハナ（労働）ばっかりやりましたよ。それで学校に行っていませんし」（平良ウシ）。沖縄ではサツマイモのうち、商品にできない小さなサツマイモが主食であった。このような貧しさがあったのは事実である。

ただ、研究が進んでくると、この「貧困」論の全面否定ではないものの、やや留保した考え方がでてくる。すなわち、移民をするのには、お金がかかるので、もっとも貧しい人たちはその用意ができない。経済的に苦しかったかもしれないけれども、もっとも貧しい人が移民に出るのではなくて、それ以上の階層の人たちが移民に出たという考え方である。これは確かにそうだ。事実、ハワイ移民を見てみると、明治三〇年代で渡航をするのに、およそ二〇〇円が必要であったという。当時としてはこれはたいへん高額である。この二〇〇円にたいして、同じ移民でも、フィリピンのマニラに移民をするばあいはその半額ですんだという（『沖縄県史』第七巻）から、ハワイ移民は、沖縄でもっとも貧しい人たちがやってきたのではないということになる。

プッシュ要因としてもうひとつの有力な説は、「コネクション」説である。コネクション（connection）とは、日本語でもコネというが、つながりのことである。親族や近所など身近な人が行っていて、それで情報もあるし、頼れる人もいるという安心感が後押しをするものである。研究者によると「隣接刺激」という表現をしている人もいる。移民が特定の県に固定するのはこのコネクションという説で説明ができる。

だけれども、なぜ、沖縄ばかりが飛び抜けて移民が多いのかという理由づけには、右のふたつだけでは説明ができない。もちろん、とりわけ沖縄が貧しかったのだ、とか、とりわけ沖縄は人間相互の結びつきが強いところなのだ、という「とりわけ」論で一定程度の説明ができよう。だが、どうもそれだけでは心もとない。沖縄固有の理由がありそうである。

沖縄固有の理由について長年沖縄移民の研究をされてきた地理学者の石川友紀の魅力的な説明がある。石川は中世から近世にかけての海外貿易を中心とした琉球王国の海洋民としての経験があるのだという（「海洋民・移民としての沖縄県民」）。この説明はあまり実証的ではなくて、なにか思いつきに見えそうである。しかし、ていねいな実証研究で知られている近世経済史家の藤田貞一郎が徳川時代の和歌山県三尾村（移民として有名な村）を分析して、それまでの研究では、理由づけとして「貧困が表に出過ぎる嫌いがある」と批判し、同じ近世史家の安藤精一の和歌山紀伊半島の「進取の気性」説にも依拠しながら、「海を恐れぬ漁民魂」と、「魚荷物販売によって生活を支えるという仕組みが生み出した貨幣的刺激への敏感さと開けた心が」（『和歌山の研究』）移民村にしたのだと指摘している。

これは石川の考え方と類似しており、石川の「海洋民としての経験」という主張も考慮すべき価値のあるものであるといえる。

ただ、私は石川と同じように琉球国とかかわっての説明であるが、つぎのように考える。すなわち、これらの説明は、強弱の差はあっても他でも見られることであり、ひとつの要因にすぎない。かれら沖縄県人をこのように異常な割合で送り出したのには、もっと根本的な沖縄固有の理由があると想定するのである。

それは琉球国の滅亡である。国の滅亡が高い割合の移民をもたらしたと言える。「プロローグ」にも述べたように、国の統治力としてのタガが外れたので流出したし、またタガが外れたことによって、制限が弱くなったからである。このタガというのは、土地制度をも含めた法的なものを含むし、社会関係、また意識的なものにまでいたる。もちろん、言うまでもなく、他の国の事例でもそうであるが、タガがゆるんだという事実は、その当時の為政者にとってはおもしろくない。したがって、奈良原知事が「時期尚早」論をうちだすのは、実に定石どおりの対応である。そういうなかで民権運動という「定石破り」の運動が展開され、成果を得たのである。後でくわしく述べるが、民権運動は政治運動から移民活動という経済活動に移っていくことによって成功する。ただ、移民に呼応した人たちは、当山久三の名前を知っている者はいたにはいたが、そのほとんどは、民権運動的な考え方にはまったく無関心で、経済的安定と、できるならば経済的に豊かになることのみを夢見て移民として海を渡ったのが現実であった。

琉球国の滅亡と移民とが深い関係にある。そのため琉球国がどのように成立して繁栄し、それがいかなる変遷を経て滅亡したのかを考えることからはじめよう。

琉球国の誕生まで

沖縄諸島に人がすみはじめる

琉球の範域である沖縄諸島に人がすみはじめたのは、いつからだろうか。

現在、沖縄諸島の旧石器時代遺跡からは、八ヵ所で化石人骨が発見されている。最古のものは、沖縄本島の山下町での六歳ぐらいの女の子で、それは三万二〇〇〇年前である。そこでは鹿の骨の加工品や鳥骨や魚骨も出土している。それについで古いのが、宮古島での子どもを含めた数個体。それは二万七〇〇〇年から六〇〇〇年前と推定されている。さらに、すこしあたらしいが沖縄本島から港川人と命名されている一万八〇〇〇年前の人骨がでている。また、奄美《あまみ》諸島や種子島《たねがしま》におよそ三万年前の石器などの遺物が発見されている。そこで、少なくともおよそ三万年前ごろには沖縄諸島に人がすんでいたといってよいだろう。

ながい旧石器時代がつづき、そして土器が出現する貝塚時代を迎える。この沖縄の貝塚時代は、新石器時代とよばれることもある。この貝塚時代の最後の方は、時代でいうと日本では平安時代になっているので、なにか沖縄がとても遅れた社会である印象をうける。歴史学者の高良倉吉も「ヤマト〔日本〕社会が弥生時代から古墳時代、律令制国家の時代へと急激に変動していった頃、沖縄に住む人々は海岸に近い低地に居住し、珊瑚礁《さんごしょう》海域の浅いラグーン（礁湖）で貝を拾い、魚を捕獲する生活をおくっていた。おそらく、眠ったように静かな日々が、南の島々でいとなまれていたのであろう」（『琉球王国』）と想定されている。

そうだったのかもしれない。貝塚はあるものの、日本の弥生時代のような水田が見つかっていないし、海岸の近くや海岸に流入する河川やその支流に住居跡がある。そのため、漁撈がおもな生業だったと考古学者は判断している。この判断は沖縄考古学の定説となっており、きちんとした根拠があるのだけれども、民俗・文化人類学から考える私には、どうもそのとおりには受け取れない。なぜなら、山野からの収穫物が多かったと推察しているからである。まちがいなく、主食となることが多い炭水化物は山野からの産物であったろう。沖縄は山深いのである。イモなどの根茎類や野生の野菜・果物類もかなり採集できたろうと推察する。これらは初期段階では食するにあたってあまり加工をしないので、遺物として残りにくいのである。

農業をしない人びとは遅れていたのか

たしかに日本と比べて、沖縄諸島では、海であれ、山であれ、狩猟採集で生きてきた歴史が長くて、農業の開始が遅かったことは事実である。けれども、その事実でもって、沖縄諸島の人びとが、遅れた、劣った人たちであると判断してはならない。最近の外国の研究はとてもおもしろい事実を指摘している。

進化生物学者のジャレド・ダイヤモンド（Jared Diamond）は『銃・病原菌・鉄』という書物でつぎのような指摘をしている。狩猟採取生活に必要な動植物の確保がむずかしくなると、農業栽培や動物の家畜化がはじまるというのだ。そのため「狩猟採集民のなかには、近隣の住民が食料生産をおこなっている姿を見ていながら、その恩恵にあずかろうとはせず、狩猟採取生活をつづけた人びとも多い」という。つぎの指摘もおもしろい。

労働時間を調べてみると、貧しい農民や牧畜民のほうが狩猟採集民より少ないどころか、場合によってはより長い時間を働いているのだ。考古学の研究によれば、多くの地域において最初に農耕民になった人びとは、狩猟採集民よりも身体のサイズが小さかった。栄養状態もよくなかった。

ここでダイヤモンドが指摘していることは、農業や牧畜は、私たちが教科書で習ってきたような、素朴な狩猟採取生活からの発展形態というよりも、物が不足してやむなく、農業や牧畜をしはじめたという指摘である。

それはそうかもしれない。たとえば、現在でも狩猟採取という方法を維持しているのは、漁業である。物（魚）が少なくなってきたとはいえ、まだ不足しないので、「養殖」という「発展した」技術を知らないからではなくて、それを使うよりは労力が少なくてすむからそうしているのである。

こうした指摘が正しいとすれば、沖縄諸島では、人口の割には物があった時代が長かったといえるだろう。しかしながら、物が豊かになると人口は増える。それは逆に物の不足をも招くことになる。沖縄の考古学は、時代があたらしくなるにつれて山の奥の方に人跡がひろがっていることを教えてくれている。これは簡単に物が手に入りにくくなってきたためであろう。そうすると物の取り合いがはじまる。沖縄ではこの取り合いの紛争が目に見える形であらわれる時代、その時代をグスク時代とよんでいる。

グスクの時代

グスクとは一二世紀ごろに登場する石造の遺跡をさす。この石垣やときに土塁《どるい》・柵列《さくれつ》で囲まれた施設は、そこが拝所《はいしょ》であったという考え方や住居、倉庫、支配者の居城などと、多くの説がある。規模の小さいグスクはいろいろな用途に使われたことがわかっている。ただ基本的には、外敵からの防衛のための石垣や土塁・柵列と理解されている。そしてその規模が大きくて防衛的機能に特化したものに、とくに城という字をあてる慣習があるようである。グスクの多くは小高い丘の上にある。

大型グスクの登場は一三世紀で、かれら城主は按司《あじ》とよばれた。この時代から本格的な農業生産がはじまった。また、その農業を支えた鉄製の鎌や鍬などの農具、また鉄製の武具が使われたことが知られている。これらの鉄製の道具、それと陶磁器の存在は、海外との交易がかなりさかんになってきたことを教えてくれる。

権力闘争の過程を経て、按司たちの支配権は統廃合を繰り返す。その結果、グスクの数は減りつつ、その規模はどんどん大きくなり、考古学者の安里進の研究によると、一四世紀の糸数《いとかず》グスクは二万平方㍍《メートル》の規模、一五世紀の首里グスクや大里グスクは三万平方㍍《メートル》となった。この按司の統廃合は、最終的には三つの地域にまでまとまってしまう。すなわち、国頭《くにがみ》地域の山北と、中頭地域の中山、島尻地域の山南である。俗に「三山時代」といわれており、山北は今帰仁城《なきじんグスク》、中山が浦添城《うらぞえグスク》および首里城《しゅりグスク》、山南が大里城《おおさとグスク》を拠点とした。この三つのグスクの按司たちはまた王とも自称したので、ここに王国が成立したともいえる。それは一四世紀に入ってしばらくたったころである。

三山の統一へ

山北・中山・山南という三国のそれぞれの国が独自に中国の明に朝貢をしていた。そして中国の皇帝から王としての任命を受け、王権の象徴としての皮弁冠服《ひべんかんふく》というかんむりと衣服をもらっていた。この君臣関係を「冊封《さくほう》」関係という。この君臣関係はかなり名目的な君臣関係である。というのは、それは中国の皇帝との政治的支配・被支配の関係がなく、むしろ文化的・経済的な関係が強かったからである。臣の側が朝貢という名目で自国の産物を献上し、中国からはそれに数倍する値打ちの物資が恩賜された。朝貢側である琉球が、いわば先進国の文化の享受にくわえて、経済的な利益を得たのである。さらに琉球側からみれば、冊封をうけるということは、中国皇帝という権威からの認定であるので、自己の王としての権威を安定させるのにとても役立った。

それぞれの国は、各グスクの按司たちが支えていた。たとえば、山南でいうと、大里按司が山南王となり、自身の大里以外に、佐敷《さしき》、知念《ちねん》、玉城《たまぐすく》、具志頭《ぐしかみ》、東風平《こちんだ》、島尻《しまじり》、喜《き》屋武《やん》、摩文仁《まぶに》、真壁《まかべ》、兼城《かねぐすく》、豊見城《とみぐすく》の一二のグスクの按司の連合体であった。中山国の公式の歴史書（正史）である『中山世譜《ちゅうざんせいふ》』の「玉城王」の項に「この時、世はおとろえ、政治はすたれ、朝覲《ちょうきん》の礼は行われず、色をむさぼり、猟を好み、もろもろの按司は入朝しなくなった」とあるから、それを信じれば、それぞれの按司は、国王に挨拶をする朝覲や、その王城内にとどまって業務をすることが本来であったようだ。

図２　中山世譜・中山世鑑

　王統の入れ替えや統一は、原則的には、王の悪政があり、それを粛正することで成し遂げられた。あるいは突き放した言い方をすれば、悪政を粛正するという理由で王を追放することが正当化された。

　一五世紀のはじめに尚巴志《しょうはし》という英雄が登場する。かれは身長が一五〇センチもない小男であったが、能力がある逸材であったようだ。『中山世譜』と同様に正史である『中山世《せい》鑑《かん》』によると以下のような状態であった。

尚巴志は一四〇二（洪武三五）年に父の跡を継いで山南の佐敷按司となる。小男であったので、人びとはかれを「佐敷小按司」とよんだ。ときの山南の王はおごりたかぶる性格をもち、人びとの嘆きに同情もしないし、民の負担をもかえりみない人であった。そこで、この佐敷按司の尚巴志は、他の山南のグスクの按司たちと連合して山南王を攻め滅ぼす。そして按司たちは、尚巴志を山南王とした。もっとも、旧来の蔡鐸《さいたく》本『中山世譜』を一部書き改めた蔡温《さいおん》本『中山世譜』ではその記述はなくて、大里を手に入れたと書いてあるだけだ。そのため、自身が山南王になったのかどうかは不確かである。あるいは、だれが身近な者を王にした可能性も否定できない。

さらにそのすぐ後のことであるが、中山王の武寧《ぶねい》は、これも、群臣の優劣の判断もできず、百姓の苦労もかえりみない性格であったので、尚巴志が義兵をあげて、かれを降参させた。そして尚巴志は父の思紹《ししよう》を中山王とした。それは一四〇七（永楽五）年のことである。三山のうち残っている山北王は性格などあまり欠点のない勇者だったらしく、『中山世鑑』では「逆賊」とだけ表現されている。かれも抵抗むなしく敗死する。尚巴志は父の跡を継いで、一四二二（永楽二〇）年に中山王となる。

『中山世鑑』によると、一四二三（永楽二一）年、中山王の尚巴志は明国に使者をつかわして、つぎのように奏した。

　わが琉球は、国が三つに分かれて以来（実際ははじめから分かれていた）、一〇〇年以上ものあいだ、一日、かたときも合戦のやむときがありませんでした。そのことによって、多くの家来たちは戦場の塵となってしまうことを悲しみ、百姓は戦士のために蓄えを奪われて泣き哀しんで、かれらの心の安らかな日は一日もありませんでした。そのため、陛下の臣の巴志は悲嘆の気持ちに堪えることができなくて、万民の憂いや苦しみをさけるために、少し前に、兵を発して山南と山北のふたつの国を平定して、太平の世といたしました。いささかも、おごりや欲のために兵を挙げて国土を蹂躙したのではありません。これは国の人たちがよく知っているところであります。伏し願わくば、陛下にご聖断をいただき、いままでどおり封をいただきますれば、陛下の臣として末永く節をまもって天下の安穏につとめます。閣下のお支えを深く念じます。

結果的に、明の皇帝から詔書があり、一四二八（宣徳三）年に琉球に使者をおくり、尚巴志を琉球国中山王とした。

なお、王府の編纂した正史の間においても年代に矛盾が生じているが、蔡温が改訂を加えた『中山世譜』では、一四二九（宣徳四）年に尚巴志が山南王の他魯毎《たろみい》を滅ぼして琉球を統一したとある。ただ、いつ統一したかということについて、歴史研究者の間で意見がわかれている。そのため本書では、完全に山南国が消滅するのは、山南国の最後の入貢の年、一四二九年以降であることは確かであるから、琉球国の統一を一四三〇年ごろと幅をもった表現をしておきたい。

王国の整備と栄華

第一尚王統から第二尚王統へ

一四三〇年頃に成立したこの統一琉球王国は「琉球国中山王」と名のって、王統を一度変えながら、約四五〇年間存続した。尚巴志の活躍によって一四三〇年頃に成立したこの第一尚王統は、四〇年間ほど存続し、一四七〇年に内間里主御鎖側《うちまのさとぬしおざすのそば》（貿易長官）の金丸が尚円王となる。そこから後に第二尚王統とよばれることになるあたらしい王統がうまれるのである。例によって、王府の正史においては第一尚氏王統の最後の尚徳王は悪い人物になっている。『中山世譜』はいう。「尚徳王は心おごること日に日にはげしく、ほしいままに罪なきものを殺し、朝廷では良臣がしばしば諫《いさ》めはしたが、その言葉をいれず、良臣で山林に隠遁する者は数知れぬ

図3　琉球王国の王統図

〈第一尚王統〉

思紹[1]（一四〇六）―尚巴志[2]（一四二二）―尚忠[3]（一四四〇）―尚思達[4]（一四四五）―尚金福[5]（一四五〇）―尚泰久[6]（一四五四）―尚徳[7]（一四六一）

〈第二尚王統〉

尚円[1]（一四七〇）―尚宣威[2]（一四七七）―尚真[3]（一四七七）―尚清[4]（一五二七）―尚元[5]（一五五六）―尚永[6]（一五七三）―尚寧[7]（一五八九）―尚豊[8]（一六二一）―尚賢[9]（一六四一）―尚質[10]（一六四八）―尚貞[11]（一六六九）―尚益[12]（一七一〇）―尚敬[13]（一七一三）―尚穆[14]（一七五二）―尚温[15]（一七九五）―尚成[16]（一八〇三）―尚灝[17]（一八〇四）―尚育[18]（一八三五）―尚泰[19]（一八四八）

注　カッコ内の数字は即位年。各王の右肩上の数字は王の代を表す。即位年は、第一尚王統と第二尚王統の11代目の尚貞までは『中山世譜』に依拠した。それ以降は『球陽』に依拠した。ただし、両方の文献に出ている12代目の尚益は『中山世譜』では即位年が一七〇九年、『球陽』一七一〇年と食い違っているが、『琉球国志略』も一七一〇年であるため、『球陽』の方を採用した。

ありさまであった」。尚徳王は二九歳で亡くなり、その世子は殺害された。歴史家の多くは王府の正史の記述をそのまま信じないで、これはクーデターであったろうと判断している。他方、あたらしい王統の初代となった尚円王についてはつぎのような正当化をしている。『中山世鑑』にいう。「父母は元来から島の百姓であり、さらにその先祖は今は知ることができないが、おそらく先王の落胤《らくいん》で、何か理由があってその地にやってきて、代々島の百姓となったのではなかろうか。でなければ、にわかにこのような（王位に推戴されるような）大きい幸せがあるだろうか」と。

ここから尚円王による第二尚王統がはじまるのである。じつは先の第一尚王統は尚思紹からはじまって七代の王がつづいたのであるが、内紛があり、王の入れ替わりが激しく、最後の尚徳王でさえ、まだ尚巴志の孫という短い血統でしかなかった。

王国支配の強化

さて、この王国の最盛期というか、栄華の時期は、いつ訪れ、それはどのようなものであったのであろうか。この最盛期はふたつに分けた方が理解しやすいだろう。ひとつとしては王国としての組織上の最盛期といえばよいだろうか。政治的支配の整備と貫徹ができた時期。もうひとつは、経済的成長が文化的繁栄をももたらした時期である。

前者の政治的支配の整備とその貫徹ができた時期は、第二尚王統の尚円王の世子《せいし》（跡継ぎ）であった尚真王のときである。即位は一四七七年である。図4をみていただきたい。この図は尚真王の前後五人の王の在位年数をあらわしたものである。王の在位年数は病死などの不慮の事故や即位したときの年齢などによって左右されることのある不安定な指標

図４　尚真王前後５代の王の在位年数

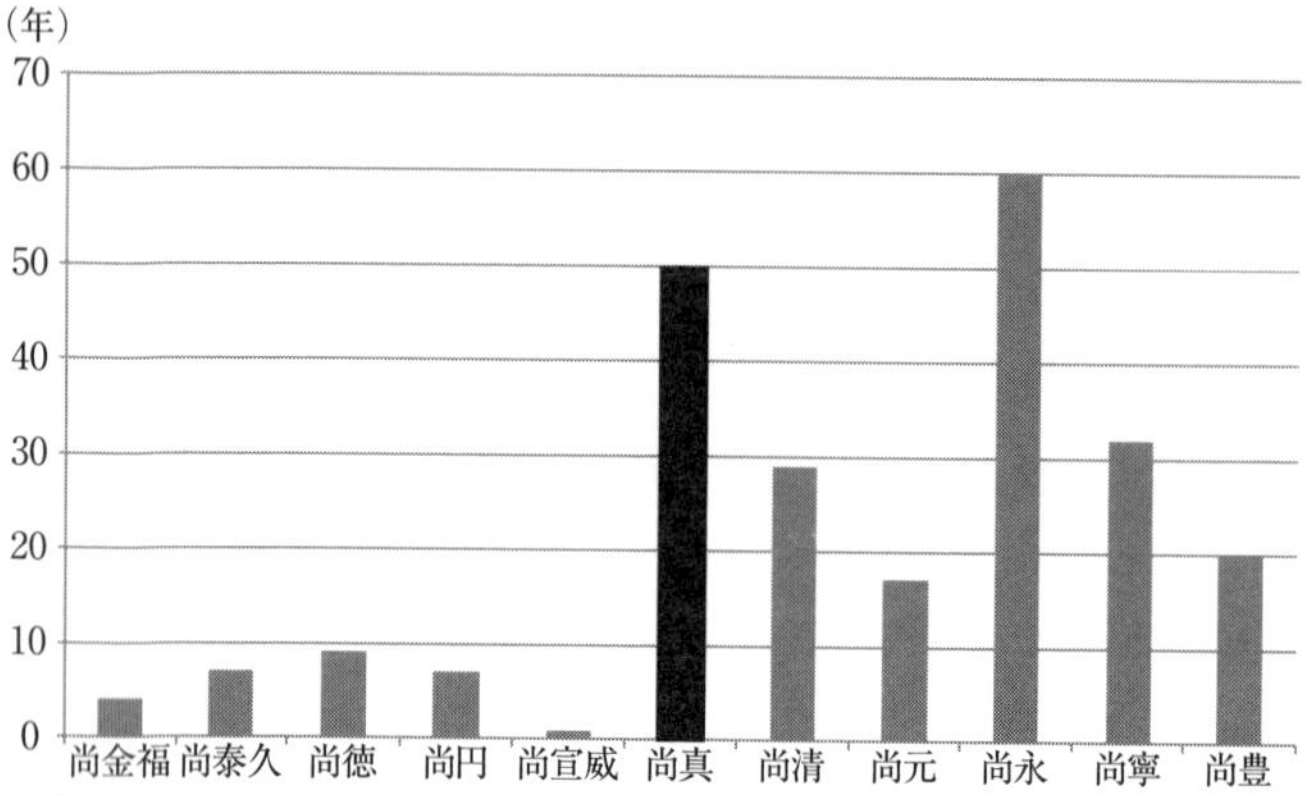

（注）『中山世譜』にもとづいて作成.

である。けれども、その不安定さを無視できるほどにこの尚真王の前後であまりにも大きく異なる。尚真王の前の王の在位期間が平均で七年。それに比し、その後の在位期間が三二年。そして尚真王自身は五〇年である。尚真王による政治的支配機構の整備がその後の政権の安定に大きく寄与したことがわかろう。

では、尚真王はなにをしたのであろうか。もっともいうまでもなく、この王の在任期間中の改革や建設は、あくまでも尚真王の名のもとに遂行されたのであって、実際は尚真王の体制下の政治組織に属する支配的な人びとがこれらを行った。尚真王をサポートする位置にいる支配的な立場の人びとが卓越していたということである。

改革と建設は三つの時期にわけられる。尚真王は一二歳で即位している。まず即位をしてすぐに着手しているのは、官僚機構の整備と武力の安定と強化である。政権の不安定性を取りのぞかなければならないから、これらは当然のことであろう。朝儀の礼を定めたり、身分の上下とその役割をあきらかにしている。たとえば、身につける服装や飾り物を黄や赤などの色分けをして外見でその身分がわかるようにした。また、歴史的に脅威の的であった山北の不落の名城である今帰仁城に自分の第三王子を配置し、北からの脅威を取りのぞいた。ついで刀剣と弓矢といった武器を備蓄した。これらの作業は、尚真王が十代の年齢のときの改革である。

ついで、第二次改革と建設は精神・文化面での安定と整備である。注目されるのは、王の妹などが就く「聞得大君《きこえおおきみ》」を頂点とする女性祭司の官僚機構的な整備と充実である。各シマ（村落）にノロ（祝神）がおり、このノロとよばれる下級神官に中間的位置の神女をおき、そしてそれらの頂点に聞得大君をおいたのである。ノロは王府から辞令を受けた女性祭司者となる。彼女らは本来、シマの農耕儀礼や先祖に関わる祭司の統率者であった。そのため、国家女性祭司機構への彼女らの組み入れは、民衆の精神を国の支配下においたといえるかもしれない。また、建設物としては、首里城に隣接して円覚寺という寺を創設

図5　シマのノロ

琉球国の滅亡後は「聞得大君」はなくなったが，その後もシマのノロは現在まで存続している．

している。また玉陵《たまうどうん》（王統の陵墓）を新築したり、朝鮮王からのお経を収める堂を建設したりもしている。これらは尚真王が二十歳代以降の時期である。

第三に、尚真王の熟年から晩年に近いころに官僚組織のいっそうの整備に努める。まず政権を揺るがせかねない大改革をした。地方勢力をもっていた按司を首里に住まわせるようにしたのである。これは按司の武力を割くためのものである。そのため、按司からの猛烈な反対が十分に予想されることであるから、王権の安定を待ってしか行うことができないものであった。それと並行して、身分制をさらに整備した。いままで引用した他の二書と同様に国の正史である『球陽《きゅうよう》』では「百工の衣冠を制定す」と表現されている。懐柔のために、按司には満足できる地位とその高位を示す冠が許されたのは言うまでもない。

経済的発展と貿易の振興

経済的・文化的発展の方はどうだろうか。その時期は、先の尚真王の政治改革のような、いわば点としての短い時期では示せない。それはもっと長い期間の緩やかな変化としてあらわれている。すなわち、琉球国は成立してしばらくすると経済的に安定し、繁栄した期間が比較的ながくつづく。その時期はまた固有の文化の簇生《そうせい》した時期でもある。それは農漁業の生産量の増加というような国内的な理由によってではなく、国外的な理由によってである。貿易による利益がふくらみはじめたのである。海外貿易について考えてみると、たしかに琉球国は地政学的に有利であったし、逆に、せいぜい一〇万人前後という少ない人口と狭い国土、地味がとぼしく農業発展が望めないという国内的ないくつかの不利な理由が後押しして、海外との貿易に期待をつなぐしかなかったからともいえる。これらの理由はヨーロッパの端にあって、アフリカ西海岸に沿って海路を開拓できるため地政学的に有利な位置にあったポルトガルと、とてもよく似ている。

もっとも琉球国が、ヨーロッパを中心とした世界が大航海時代に入りつつあるという自覚のもとに貿易立国の道を選んだわけではなくて、どちらかというと受け身の形ではじまった。だが、すぐに、貿易の有利さに気がついたといえばよいだろう。

明への入貢

その受け身はつぎのような事件からはじまった。すなわち中国では元を倒した明の帝国が、一三七二年に中国へ入貢《にゅうこう》するように言ってきたのである。ひらたくいえば、明の支配ネットワークに入るように勧めてきたのである。支配ネットワークという意味は、中国がもつ世界秩序に臣として従ってもらうけれども、従来どおり独立国として認めるというものである。先に紹介したが、それを冊封体制《さくほうたいせい》という。それを明国の周辺の国々に要請したわけで、琉球国もそのひとつとなった。現在の世界地図を鳥瞰図的にみると、琉球国は中国の国土の広さと比較すれば、気がつかないほどのちっぽけな島々からなりたっている小国である。けれども、明の首都、南京（のち北京）から水平的に見渡せば、琉球国は一周の三六〇度のうちの二〇度を占めるそれなりの大きさの海洋国なのである。もちろん、これだけが理由ではなくて、東アジアの端にあるという地政学的な理由もあるものの、ともあれ、無視できない国であったのである。それはまだ三山の時代であったから、中山国からはじまり、山南国も山北国も入貢を開始する。なぜ競うようにそうしたかというと、すでにふれたように、そうすることによって、中国の皇帝から王として正式に認めてもらうという権威をもらえたからである。

しかし、それに勝るとも劣らない利益が入貢にはあった。進貢（入貢）する琉球側は上表文と貢物をささげるのであるが、返しとして中国皇帝からそれに数倍する値打ちの物品が給される。それらの物品のなかには、陶磁器や絹織物などの工芸品、また人との交流による音楽や詩といった技芸などがあり、その後の琉球の文化的な発展にも寄与した。中国側からみれば、この冊封体制は余分な戦費を使わなくてすむよい知恵であった。なぜなら、このような支配のネットワークを周辺に配置することは、周辺国を自国に対する侵略国にしないための手段ともいえるし、また、これらの国は他国からの侵略の防波堤ともなってくれるからである。もちろん琉球国は自国が中国からみての「防波堤」という自覚はまったくなかったのであるが、そのことを日清戦争のときに清国の重臣の筆頭であった李鴻章《りこうしょう》の発言ではじめて知らされるのである。そしてこの地政学的な「防波堤」という運命を琉球国は自覚がないまま引き受け、その運命はその後、現在に至るまで背負わされつづけることになるのである。

進貢貿易の積極化

進貢による経済的・文化的利益を自覚した琉球国は、その後、国をあげて貿易を積極的におこなうことになる。これは研究者によって「進貢貿易」と命名された。中国からすれば、支配ネットワークの安定性を再確認すればそれでよいので、この出費のいる入貢はおそらく五年に一度ほどでよいものであろう。琉球国はできれば毎年入貢したくてその要望も出しているが、なかなかそうもいかなかったようだ。『球陽』につぎのような記述がある。「王、一年一貢を乞ふも憲宗（皇帝）許さず」。それでも、琉球国の進貢数は他国をはるかにぬきんでている。明帝国の公式記録を使っての高良倉吉の計算によると、明代の二七〇年間の進貢回数は、アジアだけをとりあげてみると、琉球が一七一回で一位、二位の安南（ベトナム）が八九回。他にシャム（タイ）が七三回で六位、朝鮮が三〇回で一〇位、マラッカ（マレーシア）が二三回で一二位、日本が一九回で一三位である（『アジアのなかの琉球王国』）。琉球国が突出しているのである。その意気ごみが伝わろう。また、琉球王の代替わりに琉球にやってくる五〇〇人前後規模の冊封使節団による交流も接待の負担が大きかったものの、乗り込み人による私的貿易としての利益もあったのである。

琉球国は中国への進貢にとどまらず、同じ支配ネットワークにはいっているいわば「同僚」の国々である進貢国との貿易も積極的におこなった。この貿易は輸入したものを自国で消費したり、自国で生産したものを他国へ輸出したりするのではなくて、他の国々との間の仲介をするという中継貿易がおもなものであった。資源のない国であってみれば、それは当然であろう。

「蓬莱島」としての琉球

海外貿易による繁栄。尚泰久王《しょうたいきゅうおう》の時代につくられた有名な梵鐘《ぼんしょう》のつぎの文章から、それがわかる。すなわち「わが琉球は、南海のすぐれた場所に立地する。朝鮮の文化に学び、中国とは不可分の関係にあり、また、日本とは近しい間柄である。それらの国々のあいだにあって、海から湧き出た蓬莱島のようなシマである。貿易船を繰って世界の架け橋の役割を果たしており、そのためにわが国には世界のすばらしい品々が満ちあふれている」（高良倉吉による漢文からの現代語訳『アジアのなかの琉球王国』）。

「蓬莱島《ほうらいじま》」とは古代中国で東の海上にあると信じられた仙境のことである。琉球国はたしかに中国の東にあった。貿易を通じての経済の繁栄、そして他国の文化の流入。それがまた刺激となって固有の文化の繁栄をもたらしたのである。この固有の文化としては、正史の編纂や『おもろさうし』という歌謡集の作成、琉歌《りゅうか》という歌謡の誕生、三線《さんしん》という改良された楽器の発明、音楽、舞踊、さらには琉球漆器、やちむん（陶器）、また染織文化など多様な領域にわたる。

貿易は琉球王国におよそ二〇〇〜三〇〇年間ほどの繁栄をもたらしたが、明の政治的統

図6　首　里　城

琉球王国の政治，文化の中心であり，王国を象徴する存在であった．

率力の衰退、中国や日本の商人の暗躍、ポルトガルの東南アジアへの進出、などの諸条件によって、一六世紀に入ると陰りをみせはじめる。陰りをみせはじめたとはいえ、琉球国は蓬莱島であった。財政的な問題をかかえていた、隣接の日本の薩摩の国がそれを見過ごすはずはなかったのである。

琉球国の滅亡への道

薩摩の支配

琉球国の降伏

一六〇九年四月四日（五日ともいう）、琉球国は薩摩の三〇〇〇人の軍勢に敗れ、尚寧王《しょうねいおう》は降伏をした。そして翌月の五月一五日、薩摩島津軍は、国王および三司官などの王府の高官およそ一〇〇名を薩摩に連行した。琉球の王府の将兵の数は薩摩軍に勝るとも劣らない数であったが、薩摩軍は朝鮮出兵での戦闘経験、また薩摩領内での内乱平定の戦闘経験をもつうえに、鉄砲部隊をもった軍勢であり、琉球国は簡単に敗北した。しかしながら無抵抗であったわけではない。薩摩の国と沖縄本島の中間に位置する琉球国の領内の奄美地方が最初の戦場となる。奄美大島や徳之島では多くの犠牲者を出しながらも戦闘を展開した。それに比べると、首都の首里ではたいした戦闘をしなかったようにも見うけられるが、それは自分たちが得意な那覇港での海戦をねらっていたのに、陸戦に持ち込まれたという戦術上の読みのまちがいもあったからだ。ともあれ、結果的には徹底抗戦しなかったのはひとつの賢明な選択であった。徹底抗戦をしていれば、それは勝利を招くのではなくて、おそらく壊滅を意味したからである。

首里王府によって編纂された歌謡集、『おもろさうし』には、このときの王府軍に与えた聞得大君による神託の形をとった歌謡が収録されている。この歌謡についてすでに幾人かの研究者によって意味の解読がおこなわれているが、解釈の異なるところ、だれもその意味を明言できない不明なところがある。けれどもそのときの王府の気持ちを理解していただきたく、解読の不安定を承知のうえで、あえて思い切って現代詩として訳せば以下のごとくである。

天地に響く日の神よ
だれもが知っているその霊力
それでもって
日本国を鎮《しず》めよ
天孫の末裔　英祖の血筋をひいた王

日の神の末裔の王
神の守りを得たわが軍が立ち上がるたびに
敵軍を討ちやぶり、その音は鳴り響く
すぐれた兵士が立ち上がるたびに
この国土は奮い立つ
きらびやかな将兵たちよ
刀を磨きあげ、錆の塵さえ残すな
軍を押し立て
船の出入り口をおさえよ
船は進軍し、要所を塞げ
そうすれば　神の力によって
浮かぶ船々を見守ろう
変な髪型をした日本の兵隊たち
その無礼な兵隊たちに対し
神の守りを得たわが軍が

日本の船を暗礁させ、
暗い海の底に沈めよう
かれらが勇気を奮いたたせば
その肝を冷やさせ
またかれらが　心に思うところを持つならば
その決意を大地にたたきつけよう
この国は
わが国王こそが治める国

王府最高位の神女、聞得大君の、毅然とした意志の表明を感じ取ることができよう。この神託を受けて軍は出発をした。だが、神の意志に反して、王府軍はあえなく敗退してしまった。

先に王が薩摩に連行されたといったが、「連行する」という表現をとると、威厳も人間性も剥奪された印象を与えるかも知れない。だが、あくまでも軍事的に降伏をしたのであって、琉球国の消滅を意味したわけではない。尚寧王は鹿児島にとどまった後、駿府の家康と江戸の秀忠を聘問している。それは正式の異国使節のセレモニーとしておこなわれた。

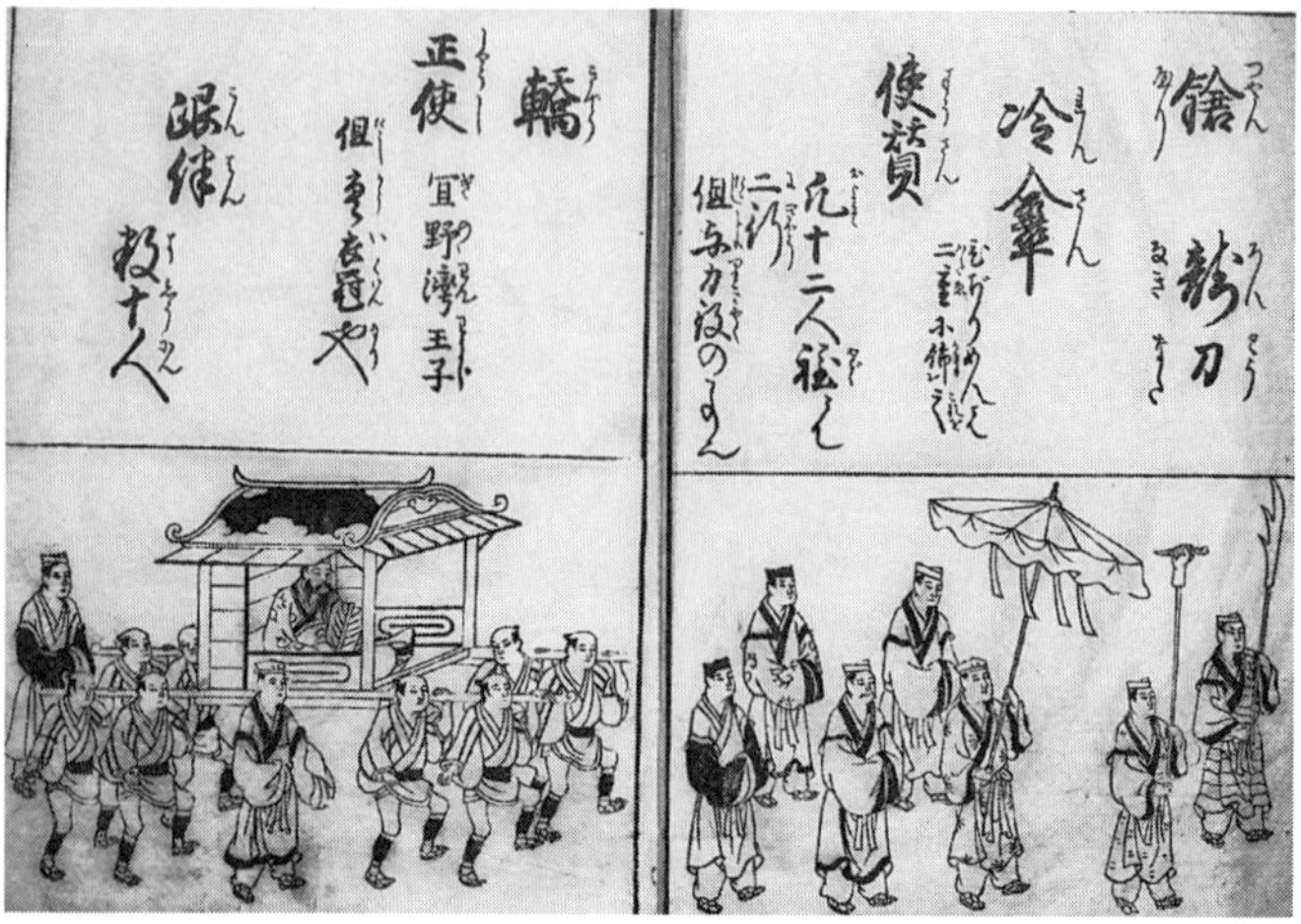

図7　琉球人の行列

『琉球人行列大全』として，江戸時代に同じ絵のものが何度か出版された．この絵は正使が「宜野湾王子」（1790年の慶賀使節団）のものである．

尚寧王は日本の天皇と同じように玉の輿にのって行列をすすめたのである。幕府側の対応は異国の使節にたいする礼節を失わないものであった。ただその聘問が軍事的に強制された結果ではあったが。

その後、琉球国は日本側の文献にも琉球側の文献にも薩摩の「附庸《ふよう》」となるという表現が散見する。「附庸」を現代ふうに、あえてわかりやすく表現すると薩摩の制御（コントロール）下におかれたということである。あくまでも制御されているだけなのだから、薩摩の領国に編入されたわけではない。したがって、制御されているとはいえ独立国でありつづけたといえよう。一八三二（天保三）年に発行された『琉球奇譚』には、「琉球は明に媚びて日本に朝貢しなかったので、薩州候が徳川将軍から誅伐をすることのお許しを得て、数千の人馬を琉球に向け、尚寧王を虜《とりこ》にした。尚寧王は自分の過ちを悔いて、以降は永遠に属臣になることを誓った」と簡素に述べている。江戸時代の日本側の理解はこのようなものだったのだろう。ともあれ、琉球国は明国に対して臣として朝貢していたが、王として冊封されて琉球国を保持していた。日本との関係も同じような理解であったのであろう。

琉球国の手抜かり

しかし、このような薩摩侵攻を簡単に許したことは、琉球国の手抜かりであったと言いたくなる。もっとも頼りになるはずの外交戦術はうまくなかったし、軍事戦術もうまくなかった。明国は滅びる寸前の不安定な状況で、援軍どころでないことは知っていたであろうし、薩摩は徳川将軍の旗下に入ったものの徳川との政治的力関係が流動的であったこと、また薩摩の国内での内乱の相次ぐ発生があった。すなわち、明国や薩摩がきわめて不安定な政治状況をかかえていた。それを、どのように賢明に利用しながら小国としての琉球国が生き延びるか、という点において見識のある統一した見解を、尚寧王を支える政治集団はもちあわせていなかった。薩摩侵略の数年前の段階では、徳川将軍家が願っていたことは、琉球国を日本に来聘させることであった。それは朝鮮出兵により、明との関係が悪化したままであったので、その仲介役を琉球国に期待したからである。それに対応していれば、薩摩が背後であやつる強制的な将軍への聘問ではなかったろう。

ただそれは繰り言かもしれない。たしかに、琉球からみれば、やまと（日本）は同じ日本語を話す親しい関係をもった国であると理解していたので、その十数年前に秀吉が朝鮮に出兵した事実を軽視していたのかもしれない。また、このときもそうであったが、王を支える政治集団の構成員の意見が分裂し、巧妙な手を打てないことはよくあることであるからである。

日中両属関係への変化

薩摩侵略後も、琉球国がまがりなりにも独立国として存続できたのは、日本国が明国との修復を願う政治的理由と、薩摩が明国からの交易による利益を期待する経済的理由からであった。以降、琉球国は政治的には明国と日本国という「日中両属」関係におちいった。このことは明国にとってはおもしろいことではなく、明国の官撰の記録書『明実録』には不快感が記されている。

薩摩藩は琉球の土地の検地を実施し、一六一一年にそれを終えている。総石高は一一万三〇四一石で、そのうち、奄美諸島の石高を薩摩藩が割きとり、残り高、八万九〇八六石が琉球国の石高となった。現在、歴史家のあいだでほぼ一致した意見は、琉球国は独立した国家として日本と中国とへの二重の朝貢国であったこと、そして日本との関係においては、幕藩体制内に組み込まれていたというものである。

明国もこの薩摩侵略という実態について十分に把握をしており、中国との関係も実質的には変化をきたした。明国の文献を分析した曾煥棋はつぎのように指摘する。すなわち、明国はすでに薩摩に征服されてしまった琉球国の朝貢の動機を疑った。浙江総兵官の楊崇業による「明の情報を知りたいのだろう」という報告を得たこともあったからである。そこで、琉球国は「もう日本（薩摩）に操縦され、自主性を失ってしまったため、国としては認められな」くなったので、琉球国による朝貢を十年に一貢と引き延ばした（「明清時代中国に朝貢する琉球国に対する薩摩藩の姿勢と態度」）のだという指摘である。それまでは二年に一貢だったのである。すなわち、この時点以降、明国は実質的には琉球国に十分な独立性を認めず、形式的独立性を認めるという立場になったのである。

滅亡寸前の国の政治・経済状態

近世琉球

薩摩侵略から明治に入っての琉球国消滅までの二七〇年間は「近世琉球」とよばれている。この時期は貿易国家というよりも、農業を基盤とした国家へと比重のおきかたが変わってくる。

『中山世鑑《ちゅうざんせいかん》』と同種の国の正史に『球陽《きゅうよう》』がある。それをみると、農業に対して水田の水不足を補うために、あちこちで、湧き水の場所を掘り当てたり、池をつくったりして、これまでの天水（直接的な降雨）に頼るだけの不安定な水田の農法を改めることをしている。また、強風をさえぎるための樹木の植栽や各村に「鉄匠」（鍛冶屋）をおいて、改善された農具を入手しやすくしたりもしている。さらには、村落の再編成という社会組織の改良にも努めている。

薩摩侵略のほんの数年前、一六〇五年、中国から「蕃薯《ばんしょ》」（サツマイモ）が入ってくる。総官野国《そうかんのぐに》（総官は進貢船における役職名）という人がサツマイモを「盆に植えて」中国からもってきた。このサツマイモが国中に広がっていって、米などの五穀が実らないときの補いとしてとても役だったと先の書物は述べている。歳月を経るなかでこのサツマイモも品種改良がなされていく。また、尚豊王の時代には製糖の技術が中国から入ってきて、黒糖生産がはじまる。さらに政府は、飢饉食としてのソテツを植えさせたり、備蓄庫をつくらせたりしている。

農民の姿がみえない

けれども国の正史あるいはそれに類する書物しか現在は残っていないので、一般農民の姿が、どうも見えない。この一般農民が本書の後半で述べる移民となっていくのであるから、かれらの生活の実態を知りたいのだが、「かれらは生活に少しは余裕があったのか、それともたいへん貧しかったのか」という、この大切で、根本的な問いさえ解けないのである。

一般には薩摩の侵略以降、薩摩からの搾取で琉球国は経済的に苦しくなったといわれている。そうかもしれないが、農業には農法と品種において一貫して改良が加えられつづけている。その結果だろうか、琉球の人口は増えつづけているのである。『沖縄県史』によると、「琉球全体では、一七世紀初頭の約一〇万人から一八世紀初頭には、一五万人、そして一九世紀後半には約三〇万人に増大していた」という。これはあきらかに、農民の手元に残る食料が増えつづけたことを意味する。しかし、そのことと貧困とは別である。食べる口が増えると、食料が不足する。いわゆるイタチごっこになっていくわけである。

飢饉と貧困

この時代、飢饉がなんどか襲っている。一七〇九年はとくにひどく、三〇〇〇人以上が餓死している。台風があったうえに、雨も降らないで、陽がじりじりと照りつけ、「田野焦《や》くがごとく」になり、山のもの、海のもの、木の皮も食べつくし、冬になって餓死の状態を迎えたのである。大飢饉による同様の規模の餓死は一八二五年にもおこっている。

飢饉は事件だから『球陽』に記される。けれども、「どの程度に貧困か」という農民の生活の実情については、正史は教えてくれない。それは日常の状態であるからだろう。だが、この正史を一六世紀中葉ぐらいから明治の最後の王の時代までていねいに読み進めていくと、意外なところからそれがわかる。褒賞記事が各所にみられるが、その内容から貧困の具合が読み取れるのである。褒賞は、親孝行や、苦しい中で税をキチンと納めたりするような善行、また水利整備をした人、田畑改良、技術改良をしたりした人に贈られている。また、単年度の飢饉に、あるアイデアで乗り越えたり、私財を投じて援助したりした者も褒賞されている。

ところが、この琉球王国の末期になると、褒賞の記事にいままでにほとんどみられなかった表現が散見するようになる。それはここ近年、ずっと貧窮の状態がつづいているという記述である。日照りなどによる単年度の事件としての飢饉ではないのである。たとえば「伊是名村は、近年苦疲し」とか「越来郡は積年困疲し」「百姓漸く疲れ」というような近年はずっと危機状態にあるという表現となっている。その典型的な文章はつぎのようなものである。「美里郡東恩納村は、積年困疲し、貢賦が欠額しているし、百姓の労苦が極端なところまできている。そこで昨年に改めて地割をおこなって、それを百姓に分け与え、耕種させた。そういうときに村民のなかに島袋という人がいて、深く百

図８　按司と庶民

姓の労苦をあわれんで、自分の土地の二十二地を百姓にあたえた。またお金を貸したりした」というような「善行」をしたので、王府から褒賞されたというような表現である。ここにも「積年困疲し」という表現がでている。また、検者や下地役という役人をおいて、積年の困疲で年貢を払えない者たちを払えるような状態に「改善」するようなことも記事としてのっている。下地役の役割は農業改善などのアドバイスもしただろうが、年貢をキチンと払わせるということが本来の役割のようで、つまりは農民は極貧の状態にあり、年貢の徴収さえもままならなくなっていたのである。

この極貧の状態がどのようなものであったかについては、ほとんどの農民は文字をもたず、また、とおい昔のことであるから、かれらの肉声が伝わっていない。ただ、私はハワイで一八八七年生まれの沖縄ハワイ移民から三〇数年前に聞き取りをしており（現在、生きていたら一二五歳）、そのとき、自分のお父さんから聞いたという話をしてくれた。それは琉球王府時代の最後の時期のころにあたる。これは本書の後の章にも収録されているが、それをここに転記しよう。

お父さんが話をしてくれたことです。いま（の人たち）は贅沢《ぜいたく》です。この話は忘れませんゾ。お父さんは一七の歳からさむらいの籠をかつぐ仕事をしなければなりませんでした。首里に近い百姓は無理に使われる。首里のさむらいの籠をふたりで担ぐのが仕事。一七歳と言っても、食べ物が悪いから、きちんと担げないのです。むかし沖縄の人は食べ物が悪かった。そうすると人間の子どもが大きくならないんです。それでお父さんもいまの私よりもずっと小さかったんです。食べ物についてのもうひとつの話があります。食べ物が悪いから人間の子どもは太らなかった。けれども人間はお金に困っているから、売るために豚を太らせる。人間の子は太らんでも、豚はどんどん太っていく。これは冗談ではありませんゾ。

お父さんは積年の貧困のために、栄養不足で体が小さく、また力不足でキチンと籠を担ぐことができなかった。また、日本の江戸末期と同じように、琉球でも農民のなかにすでに貨幣経済は浸透していた。現金がないと生きていけないのである。現金の獲得のために豚は太らせるが人間の子どもはやせこけたままであったという。このような状態であった。

政治的・経済的な問題

歴史人口学の教えるところにしたがうと、経済的な落ち込みが継続的につづくと人口が減少してくる。この琉球でも、人口増から人口減へと転じることになる。それは一八世紀後半からはじまる。ずっと減少がつづき、増加に転ずるのは琉球国がなくなり、沖縄県になってからである。もっとも琉球国時代と沖縄県時代とは人口の計算根拠が異なるので、大まかな傾向としてしか指摘できないところがある。しかし琉球処分の翌年、一八七九年の人口が三五万三三七四人だが、それ以降はあきらかに人口が増大していく。昭和の一〇年代に入ると、人口が六〇万人にもなるのである。

琉球国末期の人口の落ち込みの理由として、自然災害の頻発、疫病や飢饉がその引き金として指摘されている。しかし、なによりも王府が有効な手を打てなかったことが問題だろう。その理由として、経済的には、薩摩藩からの臨時賦課《ふか》や、日本への慶賀使節および清国の冊封使節の対応などの臨時出費が頻出し、琉球王府の財政が逼迫《ひっぱく》したことにある。また、政治的には、政治改革のないいわば小手先の対応に終始したことにもよる。この時期に先立つ一七世紀の半ばから一八世紀半ばまでの、向象賢《しょうじょうけん》や蔡温《さいおん》のような名宰相がいなかったことがくやまれる。農政を中心とした大きな改革なくしては、この国は崩壊の道しかない段階にきていた。当時のさまざまな経済史料が、中間搾取がかなり横行していた事実を示しており、この大きな改革には、既得権益を減少させるためにも、地方制度の改革と、自分たち中央の官僚制度そのものにまでメスを入れる覚悟が不可欠であった。

これは国王一人の責任ではないだろう。王府の体制そのものが、崩壊化の過程にあったといってよい。琉球処分を受けた最後の国王、尚泰《しょうたい》の前の前の王である尚灝《しょうこう》（在位期間は一八〇四～三四年）はちょうど一九世紀に入った頃に王位につくが、かれの歌にこのようなものがある。

上下やつめて　中に蔵たてて、うばひとる浮世　おさめぐりしや
（王も農民も生活を切り詰めているのに、間に立つ役人が自分の屋敷に蔵をたてるほどに、他人の財産を奪い取るような時勢を治めていくことは、とても難しいことだ。）

すなわち中間搾取が深刻なほどすすんでいることを、王でさえ知ることができる状況であったようである。ただ、かれは心を痛めてはいるが、王府体制が王に心を痛める以上の行動を許さなかったのであろう。

無禄士族の稼ぎ方

当時、琉球士族はいわゆる三七〇戸ほどの有禄（有給）の士族と七〇〇〇戸前後という多数の無禄の士族からなっていた。無禄の士族はどうして生きていたかというと、一生のうちに一度だけ仕事につけるので、その短い期間に稼ぐだけ稼ぎ、それまでは妻は行商などをして家族の生計を支えていたと、かなり昔の沖縄での聞き取りにおいて古老が言っていた。赤嶺守はそれを史料によってつぎのように指摘している。すなわち「無禄士族層は勤功により、海運行政を管轄した船手座、黒糖

や鬱金《うこん》などを収納する砂糖座、薩摩への上納品をあつかう仕上世座などの『心附役』と称する一年間の公定の役得がある職につき、あるいは『渡清役』と称する旅役につくことで、一度に莫大な役得を得ることができ、それが彼等の生涯をかけた最大の関心事であった。しかし、それは長いものになると勤功をかさね四十年先に予定された順番を待たねばならなかった」(『琉球・沖縄史の世界』)。

さて、このような制度だと、この一年は「なんでもあり」という状況で稼いだであろうと推察される。この一生に一度だけ職につける無禄士族が、心付けという名目で他人の財産を奪い取るような過酷な収奪を仮におこなったとしても、これは制度の欠点であって、いちがいに無禄士族を責めるわけにはいかないだろう。

最初の章で登場してもらった永山盛珍の家もおそらくこの無禄士族であったろう。永山は自分の家は士族で、一生懸命に勉学をすれば、上院や下院の議員になれるほどの家柄だと私に説明していたが、このアメリカの比喩を使っての上院や下院の議員という任期のある役職が永山家の家業であったのだろう。

ともあれ、琉球国の末期は、政治的にはすでに内部改革をおこなう力を失っていた。朝貢をしていた中国自体がこのような政治的改革力を失ったときには王朝が覆されていたのと同じように、このまま琉球国が存続すること自体むずかしくなっていたのである。これは「構造的崩壊」の過程にあったといってよいであろう。「構造的崩壊」は、勤労という農民たちの努力では止められないし、王の嘆きでも止められない。琉球国がこの構造的な崩壊をしつつある状況下で、外部からの改革、琉球処分（沖縄の廃藩置県）がおこなわれたのである。

琉球処分

冊封体制の完全な消滅

琉球処分そのものは一八七九（明治一二）年である。ただ、これはいわば形としての琉球国の崩壊であって、「実質の崩壊」は日清戦争の終戦の年、すなわち、一八九五（明治二八）年のことである。それは中国との冊封関係が可能性としても完全に消滅した年であるともいえよう。この実質の琉球国の崩壊を受けて、五年後には移民がはじまる。県知事などは移民反対の立場であったが、謝花昇《じゃはなのぼる》や当山久三《とうやまきゅうぞう》などによる民権運動を基盤とした移民論が勢いを得て、一九〇〇年に第一回ハワイ移民が実現する。

右に述べたことからわかるように、琉球処分について、いわゆる「健全」な琉球国が日本国によって滅ぼされた、という理解はあやまりである。ロシア革命のときに言われた比喩だが、それと同じで、この処分は「腐ったドアを蹴破る」ほどに簡単であった。すなわちすでに琉球王国は腐ったドアほどに弱い体制になっていたのである。琉球王国は政治的にも経済的にも時代に対応できなくて、遅かれ早かれ、崩壊する運命にあったといってもも過言ではないだろう。あるいはこのまままつづいていたら、内部からとんでもない悲劇を生じさせたかもしれない。それほどにドアは腐っていたのである。

大正時代前後に活躍した沖縄学の大家、伊波普猷《いはふゆう》は、琉球王国は栄養不良になっていて、半死の琉球王国が破壊されて琉球民族が蘇生したのは喜ぶべきことであるので、廃藩置県（琉球処分）を歓迎する（『古流球』）と言い切っている。「歓迎する」とまで言われると戸惑いをおぼえるものの、この発言にはある種の真実が含まれているように思う。ある種の真実とは、田港朝昭の経済史的研究によれば、琉球国の崩壊の手前の段階では、「王府の農村支配の弛緩」が生じており、地方役人が農村に「寄生しながら、自己の利益を求めてやまなかった」現実に対して、王府は対応できる能力を喪失していて、その矛盾が農民に転嫁させられていた事実をいう。

琉球国から琉球藩、沖縄県へ

琉球処分にいたる過程をここにまとめておこう。日本の明治維新は一八六八年である。それまでの日本の国家の体制である幕藩体制は、徳川将軍を頂点にすえて、その配下に二七〇ほどの藩をかかえたものであった。徳川将軍家と二七〇ほどの藩との力関係は相対的なものであって、将軍家が弱まれば藩が強くなるというものであった。欧米列強がプレッシャーをかけつつあった状況下においては、国内的に中央集権的な国家に編成し直す必要があったのである。そもそも明治維新を起こした動機そのものがその点にあった。したがって、日本政府は明治維新が実現するや、一八六九（明治二）年に版籍奉還《はんせきほうかん》、一八七一（明治四）年に廃藩置県と矢継ぎ早になすべきことを断行したのである。

ところが、日本の国内において、廃藩置県を実施してこのように中央集権体制への布石がうたれているにもかかわらず、薩摩の「附庸《ふよう》」、琉球国はあいかわらず清国と日本という二重の朝貢関係を保ちつづけた。そもそも琉球国は徳川将軍から版籍を与えられたものではないから、版籍を返還するという論理も成り立たないわけである。しかしながら放置できない課題でもあった。その解決策が一八七二（明治五）年の琉球国に代わる琉球藩の設置である。これは考えようによれば、版籍を与えたことにもなる。琉球王は琉球藩の藩王となり、華族に列せられて、東京の飯田橋に藩邸を賜ったのである。琉球藩は、旧琉球国を藩の領土とし、九万四〇〇〇石の石高をもつ藩となった。

日本国内からの発想からすれば、これは時代の逆戻りであるが、これは清国との綱引きとからんでいた。すなわち日本側の考えとしては、第一に琉球国は薩摩藩の附庸であったし、第二に、中国や外国への公式文書は中国語が使用されていたものの、庶民の言葉は日本語であり、琉球の人びとも日本とおなじ民族である（日琉同祖論）と考えていると思っていた。そのため、琉球国が日本の領域に入るのは至極当然とみなしていた。また一八七一（明治四）年に台湾に近い距離にある琉球の宮古島の島民の台湾遭難事件があって、島民が殺戮されたことから日本国内に征台論が台頭しつつあり、台湾に出兵する口実としても宮古島を含む琉球が明確に日本の領土であることを示しておく必要があった。琉球藩の設置はその目的にかなっていたのである。

もちろん琉球国側においては、完全な日本への編入は望むところではなく、日本と清国の両属の維持こそが琉球が自立性を存続できる唯一の方法であるとみなしていた。それはそのとおりであろう。そのため、副島種臣《そえじまたねおみ》外務卿の私邸を訪ねるまでして、日本の外務省との粘り強い折衝を重ねて、琉球の国体と政体は今までどおりという約束を一八七三（明治六）年に得ることになる。しかしながら、このような約束をしたのは、日本と琉球との関係が不安定な緊迫した関係にあることを、清国やイギリスなどの欧米列強に知られるのを日本側が恐れてのことであったことは明白である。ともあれ、琉球藩は、国から藩へと名称は変わったけれども、すべては旧来どおりということになり、清国との交流も許されたのである。

けれども日清両属は日本の本意ではないので、翌年にはもう前言が翻されて、中国への朝貢や中国からの冊封の受け入れの差し止めが言い渡される。これは琉球としては国の存亡にかかわることなので、執拗に抵抗することになる。琉球側の論理としては、両属は不条理なことではないし、また、地理・人種・風俗・言語などが日本と似かよっているという理由で、日本の「版図」、すなわち日本国内の一地域と決められては迷惑であるということになり、それを主張することになる。

しかしこれは、その論理が正しいかどうかで決着するという性格のものではない。結果は完全に力関係によって左右される。したがって、日本と琉球の間で論議の堂々巡りとなった段階で、日本は強制的に廃藩置県を行使することになる。すなわち、一八七九（明治一二）年三月二七日、松田道之琉球処分官は、官僚・警官・兵士の全員を率いて首里城に乗り込み、廃藩置県の実施を宣言する。

その翌々日、三月二九日、夜闇にまぎれて、尚泰《しょうたい》とその家族や婦女子四〇数人は籠に乗って首里城を退去した。これは廃藩置県と同時に版籍奉還がおこなわれたことを意味し、首里城も含め、琉球藩に所属する公的な財産はすべて日本政府に属するものとなったのである。「婦女子はもとより、士族の者たちも、涙を流し、中には号泣する者もあった」(『琉球処分』第三冊)という。四月四日、琉球藩は沖縄県となった。

当然この廃藩置県は、士族や村の地方《じかた》役人にとっては、将来への生活の不安のため、反対の立場をとることになる。他方、一般の農民の本心はどうだったのであろうか。残された史料から読み取りにくいが、すでに積年のきわめてひどい生活状況に直面していたので、新政府に期待するか、あるいはそのような政変に無関心であったようである。

琉球の認識の限界

当時の琉球国・藩の指導者や知識層の見識の甘さはふたつあるように思う。ひとつは政策的分析をおこない得なかったことである。たしかに、琉球は日本の封建体制に組み込まれるほどに手足を牛耳られていたことは事実である。しかし、指導者たちはこの拘束のうち、なにが状況を動かせない要因で、なにが動かせる要因なのかを分析する必要がまずあった。そして動かせない要因は、要求したり交渉したりしても意味がないのだからそれらを捨てて、動かせる要因として見つけたいくつかの要因をどのように自分たちに有利にするかという戦略をとる必要があった。明確な力関係の差があるばあいはそれしか手はなかったであろう。それを実現するのに、頭を下げたり、親しい人間関係に依存したり、儒教の倫理で説明するのではあまりにも前近代的すぎたのである。

金城正篤はいう。「(日本)政府が近代的領土主権という、より合理的な立論の前に、『父母』の情、『親子』の道という前近代的・非合理的な情義論を対置するほかなかった(琉球)藩庁当局者には、論理的に政府と争う武器の持ち合わせがなかったのであるから、勝敗は初めから決まっていたのである」(『沖縄県の百年』)。そうかもしれない。なお、ここでいう「父母の情」というのは、清国と日本は琉球にとっては、いわば父と母にあたる国であり、その恩は深くて、一方を否定することはできないという論理を立てていたからである。

相手の日本国は、改革を起こした武士階級その人たちが「武士階級の自殺」という版籍奉還を実現して、武士というものがなくなるというほどの危機意識のもとに改革をしつつあるなかで、後でも述べるが自分たち「士族の特権の温存」を主要な狙いとした「お願い」をしていたことでは、やはり「腐ったドア」といわれてもしかたのないところがある。

ふたつめは、自分たちが交渉の相手にしている日本国そのものが、不安と恐怖のなかにいたことに心づかなかったことである。国際的な状況についての視野の狭さがあったのだ。当時、日本国は植民地化される危機感のなかで政策を模索していた。欧米列強がアジア諸国の植民地化をすすめており、日本もその危機にあったのである。日本国は安定した大国ではないという国際的な状況について、当時の琉球の指導者や知識層は十分に理解していなかった。ただ、たんに目の前に広がる大きな壁と理解していただけである。そのため、日本が清国との交渉において、琉球の先島を割愛する案について、素朴に琉球・沖縄については差別感があり、愛情に乏しい。したがって日本は信用できないという、きわめて分析力の欠けた感情論に終始したのである。相手は、なにゆえに自分たちの階層である武士階級を消滅させたのかという問いをたてる必要があった。そして「尊皇攘夷」を旗印にしながら、なにゆえに、すみやかにその政策を捨てて開国に転じたのかも分析をする必要があった。日本国は軍事力において、西洋列強とくらべて圧倒的に弱く、できるだけはやく富国強兵にしないと植民地化されてしまうという認識が基本にあった。そのために開国をして西欧技術を導入する必要があったのである。

その国が琉球にたいして、琉球士族の願いを聞き入れて「旧慣温存」政策をとったのを単純にありがたがった琉球支配層の限界は、当時の諸状況からみていちがいに責められないとしても、やはり指摘しておかなければならないだろう。

すなわち、政府は琉球士族の願いを聞き入れた形をとりつつ、本心としては士族や地方役人の反発を恐れて、旧藩時代の地方役人の仕事をそのまま保証することをまず宣言する。すなわち、地方制度をそのままにしつつ、さらに土地制度・租税制度という士族や地方役人の特権にかかわる分野も旧来のままとすることにした。当然のことながら、「秩禄（家禄）」という旧支配層の既得権益をもそのまま保証した。それを「旧慣温存」という。このことは一般農民の新政府への期待を裏切ることになる。糖業奨励などで一部は改善したものの、政府の政策は基本的には農民の貧困生活の改善に向かわなかったということである。もっといえば、日本の中央政治の関心は、沖縄の農民の貧困にはなくて、沖縄の政治的安定であり、それは国際関係における日本の安定の希求へとつながっていたといえよう。

旧慣温存

小説家・童門冬二のノンフィクション『上杉茂憲《もちのり》』の冒頭近くで、前任の県令《けんれい》である鍋島直彬《なべしまなおよし》が、引き継ぎのときに机上に一番の問題は「旧慣温存」であると書き示す。県令は県知事にあたる。旧肥前鹿島藩主、鍋島直彬は、廃藩置県後、東京に行ってしまった尚泰藩主の後をうけた最初の県令である。二代目の県令になる上杉茂憲も名門上杉家の系列をひく米沢藩主であった。

政府は先ほど述べたような理由で旧慣温存政策をとっていた。鍋島直彬は、現在では上杉の改革方針との対比で、旧慣温存派と理解されている。事実、自身、旧慣温存政策をとることを表明している。しかしながら、鍋島直彬の明治維新時の対応や沖縄県令後の元老院議員、貴族院議員などの活躍から推測するに、それほど単純な旧慣温存派ではなくて、童門冬二が見抜いたように、かれ自身も問題の根源に旧慣温存があることを知り抜いていたようである。実際、土地や租税、地方制度などの根幹は政府の指示どおり旧慣をまもりながらも、他方、糖業の奨励をおこない、この糖業に琉球国以来の特権をもっている鹿児島系寄留商人や士族と対立しつつ、改革を推し進めようとしたところがある。

二代目の県令、上杉茂憲は、県令という身分からして当時では珍しいことであるが、現地の村々をつぶさに視察し、沖縄人民の窮状と、士族や地方役人や特権商人の搾取を目の当たりにした。この過剰な人民からの搾取に対抗するために、いわゆる旧慣温存政策を改めるように試みる。この果敢なとりくみは、彼の四代前の米沢藩主、上杉鷹山《うえすぎようざん》の「愛民」の立場からの藩政改革を範としたものであった。これは士族や地方役人の特権と利得とを奪うもので、猛烈な反対運動が起こり、かれは一八八三（明治一六）年でこの職を辞さねばならなかった。鍋島直彬や上杉茂憲はいわば外部からきた「王様」で、地元の士族たちとは相容れないところが多々あったが、それでも卓越した「王様」であったろう。しかし、その試みは成功したとはいえない。旧慣は温存されたのである。この旧慣が温存されているかぎり、琉球国（藩）のトップは交代したものの、琉球国の体制は実質上は存続しつづけたといえよう。

それが大きく変わるのは、一八九五（明治二八）年の日清戦争後、日本と清国とのむずかしい関係が解消したあとである。それまでは琉球士族の一部による「琉球復旧運動」が継続していた。一般庶民たちの間にも、「黄色い兵隊がやってくる」という噂が当時はあり、それはつい最近の古老からの聞き取りでも得ることができたほどに広く行きわたっていた噂であった。「黄色い兵隊」とは、船体に黄色の龍の文様が描かれていて、黄龍旗をかかげた清国の南洋艦隊のことであり、それがいつかはやってくるという期待があったのである。その期待がある間は、まだ琉球国は完全には滅びていなかったのである。しかしながら、清国の敗戦は琉球国の完全な消滅を意味した。

その後沖縄では、旧慣温存に変わり「国家主導型の近代化」政策がゆるやかに実行されていくこととなる。ふたりの県令の後、短期間に県令が入れ替わり、官撰知事の時代となり、ながく沖縄県知事を務めることになる奈良原繁《ならはらしげる》をむかえることになる。かれの施策は有名な民権運動家・謝花昇《じゃはなのぼる》や移民を推進しようとした当山久三との確執へと発展する。

沖縄県の誕生と移民

移民政策と当山久三

農民による実力行動

琉球処分以降のふたりの県令は、藩主としての見識をもっていたといえる。とりわけ上杉茂憲は「愛民」という思想を明確にもっていた。しかしながら、それ以降に短期間に入れ替わる県令（のち官選知事）は士族出身であり、旧藩主であったふたりの県令とは身分や受けた教育が異なる。かれらは中央政府からみてすぐれた官僚であって、民のことを考える藩主としての見識をもちあわせていなかった。したがって中央政府ともぶつかることはなかったのである。

上杉県令が「吏員《りいん》改正」をかかげたのは王国時代からつづく地方役人の数の多さと不正が農民の生活の困窮を生み出しているのを、現地「巡回」から学んだためだ。これは先に紹介した尚灝王の「上下やつめて　中に蔵たてて、うばひとる浮世　おさめぐりしや」と嘆いた事実の対処を「吏員改正」というフレーズを使って実現しようとするものであった。しかしながら、その後の県令と県知事は上杉県令のこの方針を棚上げにする。だが、いかに棚上げしても、吏員などによる過度の中間搾取は、社会の基本的な矛盾であったから、結果的には、農民みずからの行動としてそれはあらわれることになる。

目立つものとしては、今帰仁《なきじん》間切《まぎり》各村人民（一八八六年）、越来《ごえく》間切越来村人民（一八八八年）、知念《ちねん》間切各村人民（一八八九年）たちが、地方役人の不当な徴税を指摘して役所や番所におしかけている。なお「間切」とは行政区分で一間切はおおよそ十数ヵ村からなりたっている。いくつかの集落（江戸時代の村であることが多い）からなりたっている内地の行政村と同じようなものと思えばよい。各村人民が訴えた内容のわかりやすい例として、宮古島が日本の帝国議会に提出した嘆願書がある。そこからつぎのことがあきらかになっている。

宮古島では地方役人の数がたんに多かったばかりでなく、かれらはさまざまな特権を有し、一般農民を露骨に収奪していた。当時宮古島の全人口が三万五〇〇〇余人、地方役人の数が三四〇人で、人口一〇〇人につき地方役人一人の割合であった。地方役人はそれぞれ「俸給」を受けていたばかりでなく、租税の全部または一部を免除されていた。しかもかれらの免除部分は他の一般農民に転嫁されたのである。そればかりではない。かれらはその職権として「名子《なご》」とか「宿引女《やどひきおんな》」として、一般農民の男女を直接労役にこきつかうか、または粟穀を収奪していた。宮古島農民が、島政改革＝負担軽減としてまっさきに地方役人の数を減らせと要求したのも当然であった。

（『沖縄県の歴史』）

このような状態であったのである。

奈良原県政とその論理

短期赴任の知事の入れ替わりののち、一八九二（明治二五）年に鹿児島藩士族の奈良原《ならはら》繁《しげる》が知事として赴任する。その赴任期間は一六年におよんだ。そのため、その影響力は大であった。

かれの知事としての政策を一言でいえば、「沖縄の近代化」を目的にしたのだ、という言い方になるだろう。近代化としては、教育の普及、土地制度・租税制度の見直し、那覇港の構築などがあげられる。ただ、その基本方針において、それらは日本の「近代化」と呼応していることを見過ごしてはならない。そのため、言い方をかえると、奈良原は「国家目的の体現者として県政を行った」（『沖縄県史』五）という表現になる。そしてこの目的を着実に遂行していくためには秩序の安定が不可欠であるから、変革は沖縄の中・上層階層の人たちの支持を得るようにしながらおこなわれた。

沖縄県の秩序の安定を必要条件としたかれの政策は、琉球王国時代からつづいていた一般農民の困窮の改善という方向とは必ずしも一致しない。この不一致は奈良原繁と謝花昇の対立という形で具現化する。謝花昇は士族出身ではないものの学士号をとる高い教育をうけて、沖縄県庁に技師として就職をしていた。士族でない者が、高等教育をうけることができたのは、上杉県令が設置した県費留学制度による。

奈良原との最初の対立は、奈良原が知事になった翌年の一八九三（明治二六）年、杣山《そま》開墾の問題であらわれる。杣山とは建築材や薪などの燃料材を得るための山林のことである。沖縄では蔡温《さいおん》が杣山の管理体制を確立していたが、王国の末期には、田畑だけではなく、林野においても王府の管理が行き届かなくて、乱伐による林野の荒廃がすすんでいた。そのためこの荒廃林野の一部を農地として開墾することは意味のあることであった。したがって、沖縄県が杣山にメスを入れたことはなんら不当なことではない。そしてその目的がキビ畑などの農業生産の開発と貧困にあえいでいる無禄士族の救済であったから、奈良原がすすめようとした杣山開発はよく理解できることであった。

謝花昇は当時、県の開墾事務取扱主任という実態を把握できる地位にいた。ただ、かれが、国頭の本部《もとぶ》間切などのいくつかの現場に行ってみると、その実態とは、旧王族の尚家の一族や首里の有禄の士族、沖縄内外の富裕層、県の上級官吏などへの開発許可となっていた。無禄士族の救済とは名ばかりのようにもみえた。そのため謝花は、この開発申請を却下したが、当然のことながら、知事によってその職を解任されてしまう。この種の立場の異なる対立を繰り返した後、謝花は妨害と弾圧下で官職を辞した。

ただ、奈良原知事の立場にたてば、国家が先頭にたって推進している近代化は、社会的進歩という前進である。ところが、開発に対して沖縄は十分な資本をもたないから、内地の富裕層などに資本投下を働きかけるのは当然の行為となる。また、県内の有力な人たちとの結びつきも、秩序の安定のためには不可欠な配慮なのだということになる。謝花などの反対勢力によっての、有力な投資者が鹿児島県人にかたよっているというような批判に対しても、同郷の人たちは与しやすいし、かれらに好意をよせるのは社会的通念として当然であるという理解となろう。したがって、一般農民への配慮が少ないことをのぞけば、奈良原にとっては、自分の政策にはなんらの矛盾も内在していない。むしろ、沖縄県の経営を能率よくおこなっているのであって、労働する者に対する配慮が少ないという批判はたんに甘んじて受けましょう、という程度であったと想定される。一般農民への配慮の少なさは、かれ自身「民智の発達を待って漸次政治を行わなくてはいかぬと思う」(『近代沖縄の政治構造』)と言っている戦術とも適合していた。つまり、しばらくがまんをして発展をしたあかつきには、貧しい者も政治的権利の少ない者もその果実を享受できるという考え方である。また、重要なことは、この種の考えは、沖縄の既存の支配層も同様にもつものであった。琉球国の旧王族はつぎのようにいっている。すなわち「わが沖縄は南端の僻地にあるため、人民は公共の思想がなお幼稚である」(尚順他「御恩賜金下賜の再詮議依頼」)。したがって、奈良原の県政の方針は、奈良原個人に帰する特別な考えとはかれ自身は考えていなかったろう。

このように奈良原の近代化をめざしながらの県経営は、県経営的立場にたてば、考え方にぶれるところがないので、長期政権となり、「琉球王」とか「専制王」というあだ名を頂戴することになる。だが、この奈良原の方針こそが、数年のちに迎えることになる大量の移民の誕生への強い引き金となったのである。

杣山問題から四年後の、一八九七（明治三〇）年、沖縄県は「土地整理事業」の準備に入っていた。沖縄の山林を他県と同じように、官有地と民有地に分けようしていたのである。この地租改正にともなう土地政策事業は日本の内地では沖縄よりも先におこなわれていた。そして日本の多くの村落においては、村落の山林のうち、「未使用地を官有と登録すると無税ですよ」という説明が地租改正史からなされて、あまり使わないと思われる土地に対し、過大な税をおそれて官有地としていたのである。しかし、官有地となった土地は農民があまり使わないというだけであって、農業の水利、燃料の薪炭、建築材など多様な用途で不可欠であった。当初はそれらを利用する「入会権《いりあいけん》」が認められていたが、政府は段階的にそれを否定するようになり、その結果、困った農民たちが日本の各地で官有地の払い下げ（お金を払って民有地にもどす）運動をおこしている。それは大正期になっても全国でつづいていたし、奈良原の出身地である鹿児島県でも例外ではない。

自由民権運動と謝花昇

農業技師、謝花昇は、この事業に対して問題点を的確に把握していた。それはかれ自身が本土や沖縄県の農業生産とその生活のためには山林が不可欠であることを知識として知っていたのか、あるいは他県での先行例から問題点を把握していたのかは不明であるが、これは農村破壊のたいへんな問題であることを農民に語り、反対の姿勢を示した。この点についての奈良原知事やその官吏の説明は、他県での農民説得の方法と同じであり、とくに沖縄県の特殊性はないし、沖縄県のみがひどい目にあったというものでもない（筑摩県〈現、長野県と岐阜県の一部〉では鉄杖でなぐられて村人に死者を出している）。ともあれ、こうした山林のかなりの部分の官有地への編入は、日本本土の農民に貧困化をもたらしたのと同様に、沖縄農民の貧困化に拍車をかけたことは事実である。

知事と謝花とはよってたつ立場が異なるので、ことごとに対立し、謝花は翌年の一八九八（明治三二）年に県庁を辞職する。そして「沖縄倶楽部」を立ち上げ、参政権獲得運動や農業金融の農工銀行の役員改正運動を展開する。これらの運動は、内地で板垣退助らが行っていた自由民権運動の沖縄版と一般には理解されている。

この運動はことごとく奈良原知事からの弾圧をうけ、謝花の「行くところ、奈良原のスパイはつきまとい、あらゆる努力は妨害され、抑圧され、職業を得るがごときことと利殖を招くがごときは片っぱしから不成功におわらしめられたのである」（『沖縄の自由民権運動』）という状態であった。かれら「沖縄倶楽部」の中心メンバーたちは沖縄をすてて内地に職を求めないと生活ができないという状況におかれてしまったのである。謝花も内地に向かう。一九〇一年、謝花は職を得て山口県に行く途中、過度の精神的疲労があったのであろう、とつぜん精神の異常をきたし、神戸駅でおろされて、神戸で知り合い（下国良之助）の家で療養ののち郷里に送り返され、七年後に四四歳という若さで亡くなった。

移民に新機軸を求める

政治学者の我部政男が、第二次大戦後に那覇市内の劇場で「謝花昇伝」が上演されたことを紹介している。我部はいう。「終幕のシーンで、沖縄農民のために粉骨砕身して働き精根つきた謝花昇と、民権運動敗北後の活路を北米〔具体的にはハワイ〕を中心とする海外への移民に求めようとする当山久三、その他の同志が、沖縄時論社二階の編集室でこれまでの運動の総括をめぐって議論をかわす」。その最後のシーンは以下のとおりである。

謝花　もうそろそろ夜も明けることだ。思えば開墾問題、杣山問題、奈良原排訴運動から、参政権の獲得運動、そして今度の農工銀行の問題に至るまで、われわれは長い長い夜の道ばかり歩いてきた。……一つとして実を結んだものはない。

当山　謝花さん、われわれは種をまいたのですよ。

謝花　そうだ、われわれは種をまいただけだ。だが、われわれのまいた種は、いつかきっと、われわれの沖縄の後輩が見事に育ててあげてくれるだろう。われわれはそれを信じよう。信じないでどうする。

（『近代日本と沖縄』）

ここに出てくる当山とは、謝花とともに民権運動を闘った当山久三であり、我部が指摘するように、民権運動敗北後の活路を移民に求めるのである。この当山を中心とした人たちが移民に関心をもった理由を、さきほどの劇のシナリオの原典となった『義人謝花昇伝』の著者、大里康永《おおさとこうえい》はつぎのようにあきらかにしている。その要点を以下に述べよう。

謝花の恩師である玉利博士はかつて謝花に移植民問題の重要性を説き、ハワイ・アメリカのゆたかな資源を論じ、謝花に深い感銘をあたえた。博士の移民運動にたいする助言は謝花とその同志たちに大きな希望をあたえている。後になって謝花の同志たちが移民運動に着手したとき、博士はみずから移民会社に紹介の労をとった。これは謝花らの民権運動が挫折した後のことである。かれらは移植民というあたらしい活路をみつけて、そこに新生面をひらこうとした。これは政治運動から経済活動への大きな転換であるが活動をすすめるのには当時としてはそうする外はなかった。移民運動は当山久三と上間幸助《うえまこうすけ》がもっとも積極的で、両名はその運動のために東奔西走した。当山は自分の出身村である金武村《きんそん》を根拠として移民を奨励した。

（『沖縄の自由民権運動』）

移民にあたり、当山は熊本移民会社と話し合いをすませたが、移民には沖縄県知事の許可が必要であった。奈良原は「時期尚早」という言い方で、まだ沖縄から移民を出すには沖縄県の機が熟していないという理由で反対をする。この反対の本心は、それがいわゆる民権派の運動であったからだと湧川清栄などの当山久三の研究者は解釈をしている。それもひとつの有力な理由であろう。私の解釈は一九頁に示しておいた。ともあれ、最終的には奈良原県知事が折れて一九〇〇年に沖縄移民がハワイに向けて出発することになった。

生活保護民権運動と当山久三

謝花昇を中心にして展開した民権運動は移民という形でひとつの活路を見いだす。ところで、すでにみたように謝花などの運動は、農民側に立っており、国権に対する民権であることは確かである。一般には、謝花などによるこの運動は、「自由民権運動」と位置づけられている。内地では、自由党系の指導者である板垣退助や星亨《ほしとおる》なども海外移民の必要性を説いていたからである。それらの影響下にあるものの、半面、沖縄のこの運動は自由民権運動とは言いがたい側面をももっている。本土の自由民権運動は、福沢諭吉らが紹介した自由思想をとりあえずは根幹にすえていた。沖縄でも同様に「自由」を旗印にしたかというと、少し事情が異なるように思われる。自由の探求というよりも、一般農民たちの生活を保護するための民権運動であったと言ったほうが正確だろう。そのためそれを「生活保護民権運動」ともよべよう。

この民権運動は、沖縄近代史家、新川明が指摘するように、実際は、もう少し志の低いレベルの沖縄県政界と経済界におけるヘゲモニー争いとしてしばしばあらわれた。そこには自由民権運動家、植木枝盛《うえきえもり》の主張した自治をめざす「琉球州」というような高度に政治的レベルの議論はまったく生まれなかった。けれども忘れてならないことは、謝花や当山などの主張の眼目は、眼前に広がる農民の困窮を目の当たりにしての、一般農民の経済的安定をめざす闘争であったことである。それは理想論ではなくて、きわめて現実的な闘争であったのだ。

そのため、移民活動への移行はごく自然なものであったし、それは有効な成果をもたらした。民権運動からはじまった運動のうち、これが唯一の成功例かもしれない。そのため、

図9　当山久三の銅像

当山をさして、「官に反抗して失敗した大屋《うふや》（名家）のボーのなれの果て」という地元での言説は、村民たちのたんなる反感といったほうがよいだろう。

謝花や当山による民権運動そのものの失敗は、奈良原の高圧的姿勢だけが問題ではなく、当時の農民大衆の支持がとても少なかったことが一因である。このような言説がいとも安易に流布したことが、かれらにとっても悲劇であった。ただ、その延長上の移民活動だけが成功をきたし、また事実、一般農民や無禄士族は、積極的にこの移民への誘いに呼応するところとなった。移民は生活と現金収入を保証するものであったからである。のちに当山久三は「移民の父」として仰がれることになる。かれの出身地、金武町にはかれの銅像がたてられている。

しかしながら、繰り返しいうが、謝花などの民権運動は、「自由」というような理念をもっていなかったので、一般民衆に思想的変革を迫るものではなかった。「生活保護民権運動」は、農民などの一般民衆の生活を保護すればよいのであって、そのひとつの選択として移民活動が登場した。そのため、移民にあたって、移民をする人たちに運動的理念をうったえる必要もなかった。移民を実現しようとする者たち（当山久三など）は粛々とそれが実現できる道をつくればよいのである。そして移民たちはその道の上を歩けばよいだけのことであった。ハワイ沖縄移民たちも当山の名前は聞いたことがあるとか、知らないという程度のものであったし、いわんや、謝花たちの民権運動は自分たちとはまったく関わりがないというのが移民の大半の理解であった。

初期の沖縄ハワイ移民の生きざま

ハワイ国からアメリカ合衆国へ

ハワイは日系人が多いこともあって俳句がさかんであった。このハワイの俳句の季語集には「国滅ぶ」が夏の季語になっている。それは夏にハワイ国が滅んだからである。『布哇《ハワイ》歳事記』はいう。「一八九八年八月十二日、布哇共和国は米国に併合され、それまで政庁の上にひるがえっていた布哇の国旗は、この日をもって下されて、新たに星条旗がそれに代わったのである。かつては法定祭のひとつであったが、一九〇三年からまったくその日を祝わなくなった（現代語に改変）」。

琉球国が日本に併合されたときと同じように、アメリカ合衆国は巧妙に仕組まれた政治的駆け引きをおこない、ハワイ王国のリリウオカラニ女王は廃位となる。住民たちは声を上げて泣いたと伝えられているが、これも琉球国と似ている。かなりのちになって合衆国の両院の議会は併合の過程が違法であったことを認め、公式謝罪をしている。

このハワイ国との移民の契約の時代は「契約移民」と呼ばれている。ただ、沖縄ハワイ移民はハワイ国の滅亡直後からはじまるので、ハワイがハワイ国からアメリカ合衆国の準州へと国が変わった事態についての直接的な経験はない。アメリカ合衆国の憲法と諸法がハワイでも効力をもつことになったので、一九〇〇年からは「自由移民」とよばれるようになる。契約移民は年季にしばられていたが、自由移民というのはいつでも転職ができる自由性を獲得しているという意味である。けれども沖縄移民は転職できるほどの資金的余裕がなかったので、プランテーションに留まらざるをえず、契約移民と実質的な差はなかった。

自由移民の時代

沖縄からの第一回のハワイ移民は一九〇〇年だった。この二六人からなる第一回ハワイ移民については、山里慈海師が、一九六二年時点でただひとりの生存者であった金城《かなぐすく》珍善《ちんぜん》から聞き取りをしている。これが第一回ハワイ移民の口から直接聞いた唯一の貴重な記録である。それを活字にして二〇行ほどの長さのものとして、『ハワイ移民ノート』（一九六三年）に紹介している。その文章は『沖縄県史』にもその全文が転用されており、その要旨はつぎのようなものである。なお〔　〕内は私の説明である。

耕地労働〔ハワイでのプランテーション労働〕はどこでも同じ仕事できびしかった。四時起床、五時カウカウ（食事）。六時から仕事、炎天の下でルナ〔現場監督〕のウィッパー〔whip, ムチ〕に追われて働かねばならなかった私たちは牛馬とちっとも変わらなかった。人情もくそもあったものじゃない。そして自分たち沖縄移民は言語の不通と、習慣の相違からジャパンパケー〔パケーはハワイ語で中国人の意味。差別用語〕と呼ばれ、新参者だけに悪い仕事、難儀な仕事へと向けられたことは、重労働のうえにさらに精神的に耐えがたいものがあった。それが爆発して自分はけんかをした。ということで、空手を使ったりしたけんかの話が一〇行以上つづいていて終わっている。このような内容である。

第二回ハワイ移民は一九〇三年で、四一人が渡航した。それから五年後の一九〇八年までの短い期間が「自由移民」と言われる人たちである。この一九〇八年までは移民するとに渡航制約がなかった移民だ。それ以降は「ハワイに親族がいる」という条件下においてのみ移民を許すという渡航制限をもつようになる。ハワイ在住の親や夫などの親族が呼ぶことが条件なので、それを「呼び寄せ移民」とよぶ。私たちがイメージする一世の多くはこの呼び寄せ移民の人たちである。この呼び寄せ移民も一九二四年のいわゆる「排日移民法」の成立で禁止され、日本からの移民はまったくなくなった。その後はその子どもたちの二世の時代になる。ただ、呼び寄せ移民は人数が多いのと、自由移民の人たちより年齢が若いので、私が聞き取りをした一九八〇年頃でも生存者がかなり多かったのである（一九八〇年で八〇歳以上の移民一世は七三九人）。たしかに、ハワイのどこを歩いても、元気な一世たちが闊歩しており、アラモアナ・ショッピングセンターのバスの停留所には一世たちがあふれかえっていたし、その先の海に面したアラモアナ公園（ここは力道山とその師、沖縄出身の沖識名《おきしきな》が、将来の日本でのプロレスの成功を夢見て、走り込みをしていたところ）には、多数の日本人の高齢者たちがたむろしていて、まだ日本語の本の古本屋がリバー・ストリートにあった。

私は自由移民の人たち数人から聞き取りをしている。沖縄自由移民からの直接的な生の言葉は、ここで記録するものが、きわめて稀な歴史資料として残る可能性がたかいので、意識してやや詳しく紹介しておこう。かれらの多くはその当時で九〇歳代になっている。

ところで、ハワイはもとはハワイの人たちが王国をつくっていたものの、時間の経過とともに、アメリカ人などのプランテーション経営者がハワイで力を占める。またポルトガル人、中国人、日本人、朝鮮人、フィリピン人などの外国からの移民が増大していった。この自由移民の人たちがハワイに上陸したばかりのころは、ハワイ王国がなくなってさほど年月がたっていなかったこともあって、自由移民の人たちからハワイ人についての感想を聞くことができた。それは以下のような感想である。

アイカネ精神

自由移民としてやってきた安次嶺太良《あしみねたろう》（一八八七年生まれ）はいう。

「ハワイに元から住んでいたカナカ（ハワイ人）の人たちはナ、欲がない。賢うはない。あんたフレンド、あんたお金がないというと食べさせる。自分のものをたべさせるのがなんともない。人のものを食べるのも遠慮がない。昔のハワイの人たちはアイカネ、アイカネ言うて、アイカネとは友達という意味です。ハワイの人たちはいつでもアイカネ、アイカネ。欲がないです」。

つまり、沖縄からの移民のように「金を儲ける」という明確な目標のない人たちであり、金儲けにプラスの価値をおいていた移民たちにとっては「賢うはない」と映ったのであろう。けれども、他の移民と比較したばあい、じつは沖縄人にもこのアイカネ精神があり、それがしばしば大和人から軽蔑をうける原因にもなったことに太良さんは気がついていない。沖縄の移民は字《あざ》人会（字は内地の集落にあたる）まであり、近隣や親類縁者が集まっていて、仲間組織が強いということを、日本の内地の移民がやや苦々しい口調で述べるのを私は聞いたことがある。沖縄の人たちは結束がかたく、相互扶助の精神がたかい。それはかれらの出身の農村の割地制という土地制度が共同性の強いものであったことが関連しているかも知れない。

この章で最初に紹介する「仲宗根《なかそね》なえ」は名前のとおり女性である。女性の移民がとても少なかった時代なので、めずらしい。

女性の移民と子ども――仲宗根なえ

「私は沖縄県中頭郡美里村（その後、合併してゴザ市になる）に一八八八（明治二一）年に生まれました。私の生まれた村では学校に行く人はいなくて、私は二年間行ったので字が書けます。日本丸に乗ってハワイにやってきました。それは私が一九歳のときです。神戸からハワイまで二一日かかりました。一九〇七年のメイ（May 五月）です。ハワイは女がおらんから、兄さんがハワイに行こうというので、オーライと言ってやってきた。」

いまは「自由移民はみんな死んでしもうた」という。

オアフ島のエヴァ耕地で最初は働いた。きび畑に水をやる仕事であるハナワイからはじめ、キビを刈る仕事であるカチケンなど、男子労働にあたるかなりきびしい仕事をしている。はじめは「どうしてこんなところにきたか」と言ってみんなで泣いていたという。

ルナにゴーへ、ゴーへ（go ahead 進め）と、「早よう仕事しろといわれる」。仕事は一〇時間働いて四五銭（一日の収入が四五セント、ちなみに当時、一ドルで鮭の缶詰がひとつ買えた）でした。

朝、三時に起きて、食事の準備をして、もっていく弁当とお茶をつくります。ガスも電気もないので、かまどで火をおこし薪をくべるので、朝ご飯の支度に時間がかかるのです。五時半ごろに仕事に出かけて、六時から仕事がはじまる。そして仕事は四時半ごろまで。それから洗濯や夕飯の準備となる。明日の準備が終わるころは九時から一〇時になり、それから床に入る。

沖縄では米とイモをつくっていましたが、イモのよいものは売りに出していたので、じぶんたちは「こまいイモを食べよった」。それに対して、このハワイでは米が食べられるので、ごはんだけはハワイはよかったです。

みんなは知らないことが多く、空を飛んでいるものがあるので、みんなで仕事のクワを立てて休んでね、上をあおぎ、「あれなんか?·」と問うので、「あれ、飛行機。人が乗っている」と私がいうと、みんなが「オー、おそろしい」と言っていましたよ。

耕地では女性が少なかったので、いろいろ男の人から声をかけられたけれども、沖縄では親から男と道であっても話をするなと言われて育ったので、つきあいはありませんでした。

ただあるとき、ある女の人から、その人がつきあっている男の人に手紙を書いてほしいと言われて、私はひらがなだけは知っていたので、ひらがなで手紙を書いたのです。そのとき、自分たち女の名前、三人の名前を並べたら、その後「ミーにばかり、手紙が」送られてくるようになりました。

「来てもいいか」、「来てもいいか」と問われるので、「来んなといわれんエ?·」、それで会って話をしたことがあります。その人はアイエア耕地で働いていて、私はエヴァ耕地でしたが、仕事の後の夜になんどもやってきた。

そのときにどんな話をしたのか?と私が問うと、なえさんは「うへへへ、ははは、うふふふ」と笑うだけで、なにも答えてもらえなかったが、それは思い出しても、心温まる楽しいことだったのだろう。

はじめは「女房にならん！」といって断っていたが、結局、なえさんはその人と結婚することになる。その後、二人でハワイ島のハビー耕地に移り、またカウアイ島のワイルアに移ってそこではじめての子どもができる。

子どもは全部で七人生まれたが、そのうちの一人は自分たちが貧乏で人に預けて二人で働いていたら、溝に落ちて死んでしまったのだという。ただ、その子のことは「話したくない」というので、別の話題に移った。

二人でパイナップル畑を開発して経営をしたが、大きな失敗をする。たいへんな借金を抱えたが、その後努力して、卸売業の仕事などをして生活が安定に向かった。

ただ、生涯を振り返ってみると、日露戦争からはじまり、戦争ばかりだったという。また、一九一八〜一九年ごろにはやったスペイン風邪はいまでも思い出しても恐ろしい思い出であった。昨日までぴんぴんしていた元気な人たちがいっぱい亡くなったという。さいわい、なえさんの家族はだれも亡くならずにすんだ。

もっとも私が聞き取りをした人のなかでは、同じ国頭郡出身で一八八四（明治一七）年生まれの平良《たいら》ウシさんという女性は、つぎのように言っていた。子どもは「多けいましたよ。スペイン風邪でみんな亡くなりましたよう。スリーメン（三人の男の子）がみんな。

ギョール（女の子）もひとりいましたよう。そのときのスペイン風邪で……。オー」と言ってウシさんの顔は、オーと言った口の形のまましばらく動かなかった。

私は三〇年以上も経過したいまでも、そのときのウシさんの小さな丸いオーの形をした口の形を忘れないでいる。そのときに九六歳であったウシさんは、ベッドのまんなかにちょこんと座っていて、とても悲しい風貌だった。

なえさんのボーイのなんにんかは、第二次世界大戦で兵隊として出ていった。とくに戦死者の多かったフォフォセコ（四四二部隊）に入った。このフォフォセコは、日系の二世だけで構成されており、とくにイタリア戦線で活躍した。俗にバンザイ部隊とよばれて、バンザイと叫びながら、あまりにも勇敢に敵に向かっていったので、死傷率三一四％（複数回負傷したことによる）という異常に高い数の死傷者を出した部隊である。

当時は、かれらもその親もアメリカ合衆国で市民権をあたえられていなかった。そのため、この勇敢さはハワイ移民の二世が勇敢な性格を備えていたというよりも、なんとかアメリカ合衆国の一員であると認められたかったのが、その原因であったろうといまでは解釈されている。なえさんの話にもこのようなエピソードがある。

なえさんの息子も負傷をしたが、飛行機が墜落して穴ぼこになっていたところに自分が運転をしていたトラックが落ち込み、穴ぼこに入り込んでしまったので運よく命を落とすことにはならなかった。息子たちが出かけている間、なえさんは毎日、無事をいのりつづけるのだが、ふりかえって、「ホー、ほんとうにあのときは苦しいだった」と言っていた。いまは孫にも恵まれているという。

当山久三のおかげ—比嘉盛徳

「比嘉盛徳《ひがせいとく》と言います。私はハワイに来て、七三年になります。一八九一（明治二三）年の生まれで、一七歳の年にハワイに来ました。沖縄県中頭郡中城《なかぐすく》村の出身です。

同じ村で私よりも前にハワイに行った人がいました。その人は教員だった人です。同じ村で五、六人が連れ立って（組合をつくって）出かけました。ハワイに行って働くともうかるという話を聞いていたからです。

ハワイに行くようになったのは当山久三さんが先導者となって自分たちを集めてくれたからです。奈良原さんと相談をして、それから海外に出るようになったそうです」。

「当山さんがおらんだったら、なかなか出て来れんじゃった」。

「当山さんは見たことはあるが、会って話をしたことはない。年頃は私とだいぶ違うでノ」ということで、それは当然であろう。当時、当山久三は師範学校出の四〇歳のエリー

図10　「米屋旅館」新聞記事の広告

トで、盛徳さんは一七歳の田舎の少年にすぎなかったからである。

「あの人のおかげよノ、いまじゃ、沖縄で銅像が建っているよ」。

七三年前、那覇を発って、横浜でトラコーマのための目の検査と寄生虫のための十二指腸の検査を受けた。盛徳さんによると、あの頃は沖縄ではほとんどの人は、目も十二指腸も悪く、事前に沖縄で医者に行って、薬で治して、それから検査のための横浜や神戸に向かったという。

盛徳さんは、沖縄カスリと下駄という服装、そして行李をもって、オアフ島のホノルル市に到着するのである。米屋旅館に泊まった。

「ホノルルではオウトモビル（automobile, 自動車）はなくて、みんな馬車であった」という。ホノルルの船の着くリバーストリート（river street）のところに移民局があって、その辺りに「募集メン」がいて、パイヤ耕地に仕事があるから、行けというので、マウイ島のパイヤ耕地に行った。そのパイヤ耕地、「あそこで二〇年間働いた」。

パイヤ耕地では最初に、クワを使ってきび畑の雑草をとるホウハナをしました。ホウハナは女の人もできる仕事だ。それから重労働のカチケンもした。

パイヤ耕地での生活

仕事自体は沖縄よりも楽でした。沖縄ではキビとイモが主で、少しだけ米をつくっていた。イモ畑を耕すときの沖縄のホウ（クワ）は重かったが、ハワイはそれほどでもなかった。また沖縄では、キビは一〇ヵ月たつと、自分で砂糖をつくらなければならない（製糖をする）。それがめんどうなことだった。集落のいくつかの箇所に製糖場があって、馬を使ってキビを絞り、その後、火をたいて砂糖をつくるのでたいへんだった。ハワイではミール（mill：製糖所）があるからそこへもっていくだけです。

ただポルギー（ポルトガル人）のルナがおって、「ゴーへ、ゴーへといって追い回すの」。ムチはもっていなかった。ただ、仕事が進むように口で後ろからどんどん追い立てる。ルナの上に大ルナがいて、ときたま見回りにくる。そのときは「来るぞ、来るぞ、はようやれ」と言われるので、そのときは一生懸命。

内地の人（沖縄県人以外の日本人）は、沖縄県人よりも先にハワイに来ていたので、「沖縄県の者をバカにしよった」。それで悪口をいうときに、「沖縄の者だ」というような言い方をする人もいた。それでケンカになったこともあった。

ただ沖縄県の者でもバカにでけんでノ、沖縄県の者はたいがい空手をやっていたから、空手で対抗したこともあった。あとで仲直りをしたが。

とくに言葉でいえば、沖縄でも学校に行った者は、言葉が分かるが、学校に行っていない者が身近にも五〜六人いて、困っておったよ。あのころは学校にいかん者がずいぶんおった。私は学校がすんでからハワイに来たが。

あのころのハワイはよいところじゃなかった。蚊がたいへん多かった。あのときはとっても悪かったゾ。いまは政府が薬をかけて蚊を退治しているが。

それと、便所は合同便所であったので、汚かったよ。「こんなところか、ハワイは」と思ったよ。こんなことは、後から来た者には分からんが。

衛生も悪かった。プランテーションの会社は自分がもうかればよいとおもっておるじゃけ。ドクター（医者）は会社ドクターがいたが、つまらんドクター。具合が悪いと薬をもらいに行って丸薬をもらったが、いい薬をくれなんだ。

私はシングル（独身）だから、五～六人がひとつの小さな小屋に住んだ。小屋の外に台所がある。屋根はトタン屋根、荒板で簡単につくったものでノ、いまのような立派なハウスではなかった。ミーらがいたところを馬小屋と自分たちで言っていた。

弁当は自分たちで順番でつくった。おかずはコンブ、イリコ、センギリ（野菜を細く刻んだもの）など、みんなコック〔料理〕をするのがだんだんと上手になって、弁当はうまかったよ。品物が安いから食べていけた。米が一〇〇斤で三ドル、うどんやソーメンが七五セン（セント）。

洗濯は自分でやりよった。風呂は「合同プロ」。夫婦者がそれを〔経営〕していた。ひとりが月に五〇センずつ払った。空き地ではネギや大根の野菜をつくっていて、自分たちの食用とした。映画などの娯楽ははじめのころはまったくなかった。

楽しみというよりも、働いて一〇〇〇ドルほどもうかったら、沖縄へ帰るという気持ちがあったが、実際は一〇〇〇ドルは無理で、五〇〇ドルや三〇〇ドルもうけて沖縄に帰る者もいた。自分はシングルのときは、毎月一〇ドル貯めて、一〇〇ドルになると沖縄の両親に送っていた。二三歳で結婚をしてからは、子どもができたこともあってそのような高額な仕送りはできなくなった。

盛徳さんが結婚をする時点では、すでに「呼び寄せ移民」の時代に入っているので、法的に事前に結婚の手続きをして、すなわち、入籍して妻となった女性がハワイに向かうのである。

女性の立場からみると、日本で写真だけを見て、それで結婚手続きをしてから、ハワイに向かったので、俗に「写真花嫁」ともよばれた。容貌に自信のない男性が偽の写真を使ったりして、ホノルルに着いてからの悲劇があったりしたことも記録としてのこっているが、盛徳さんのばあいは、同じ村の出身者で、小さいときにお互いを知っていたという。

ワイフ（妻）をホノルル市、リバーストリートの移民局に迎えに行ったときは「それはうれしいよノ」。

「したく（服装やすべての外見）は、きれいだった。私が二三で、ワイフは二〇のとき」。

「結婚してから、弁当は、ハハ、よくなった」。

豆腐や大きなイワシがおかずとして入るようにもなった。

「結婚をすると会社が独立した別の家をくれましたよ」。

ふつうは結婚して子どもができると、ワイフは働けなくなって、家で洗濯やクック〈独身者のために朝食、弁当、夕食をつくる仕事〉をしたりするようになる。盛徳さんのところでは豚を飼うようになり、それは大きくしてから売った。豚肉の自家消費はしなかった。それから盛徳さん夫婦はハワイ島のハカラオ耕地で引退するまで四〇年間働いた。最後まで耕地で農夫として働いたのである。

息子が四人できて、そのうち二人の息子が第一〇〇部隊〈ハワイ移民の間では、俗にハンドレッドと呼ばれている。第一〇〇歩兵大隊。四四二連隊と同様に日系人部隊であるが、最初に第一〇〇歩兵大隊が結成された。イタリア戦線などに投入され、「前線突破」をスローガンにし、勇敢だったけれども、他面、多くの死傷者を出した。一九四四年六月に四四二連隊に統合される〉に徴収されたが、全員、無事であった。ただ、ナンバー・ツゥ〈次男〉の息子が、朝鮮戦争で片足を失った。

昨年、奥さんが八八歳で亡くなり、盛徳さんはいま〈聞き取りをした年、一九八〇年〉、九二歳である。

「一緒に話をしていた友だちもいなくなり、さみしゅうなった」という。

海が見える小高い場所で、盛徳さんはナンバー・フォー〈四男〉の息子家族と一緒にすんでいる。

「みはらしがよいのよ」。

「妻はよく働いた」そうである。

なえさんと盛徳さんの話からいくつかの大切な事実を知ることができる。

当山久三・農業労働・食事

第一に、盛徳さんが言っていることだが、この自由移民の時代は、移民を推し進めた当山久三が、まだ生身の人間として移民する人たちの何人かに意識されていたということである。移民の全員ではないだろうが、一部にはたしかに自分たちの移民が成り立っているのは当山久三の運動があったからだという自覚があったということである。その後、移民会社が整備されてくると、一世の呼び寄せ移民に当山久三の名前をだすとその名前を知っている人もいるという程度になる。

第二は沖縄とハワイの耕地での農業労働の比較である。盛徳さんが明確に言っていることだが、沖縄でもキビ作などの類似の農業をしていたかれからみると、ハワイの農業労働の方が楽だったということである。これは一般の通念と異なる。とくにこの自由移民の時期の人たちは、琉球王国時代とほとんど変わらない状況下での農業労働を沖縄で経験しており、この発言は貴重である。

それを前提として、他のふたり、第一回移民の珍善さんとなえさん、そして盛徳さんも言っていることだが、かれらがとんでもなく厳しいと思ったのは、ルナと呼ばれる監督がいて、それが働け、働けと背後から指示することであった。このような現場での直接的な、そして組織的な管理は、かれらは経験してこなかったことなので、奴隷とまでは言わないものの、とても不愉快なことであったようだ。それがハワイ耕地での農業労働がたいへんだと思わせた原因のようである。もちろん、沖縄でもかれらは父親からもっと働けと畑などで言われたことはあったろうが、それは家族労働での厳しさであって、耕地の工場のような組織管理のもとでの指示と根本的に異なる。

第三に、食事のことである。しばしば一世の人たちからは、耕地では貧しい食事をしていたと言われてきた。しかし、なえさんが言っていたが、沖縄では米とイモをつくっていたものの、米は食べられないし、イモのよいものは売りに出していたから、自分たち家族が食べるのは、商品にならない小さいイモを食べていた。それに対して、このハワイでは米が食べられる。これは大きな違いである。

第四に言葉である。言葉はまだかれらにとっては、日本語ではなく琉球語であったといってもよい。言語学者によると琉球語は二世紀から七世紀の間に日本語から分岐したといわれているが、琉球国であったため、一般庶民は、内地の人たちのように、江戸時代でも伊勢講などを通じて、他県の人たちと交流をするという機会がなかった。したがって、両者の壁は厚く、方言というよりも、日本語と琉球語といった方が当時の現実と合っていたように思う。

なお、この章ではまだ明確にでていないが、移民の語り口から、一般庶民は文字が書けなかったといってよい。琉球国時代は士族階級や地方役人は文字を扱えたが、一般農民、漁民は文字の読み書きはできなかった。「琉球国の滅亡」の章で述べたように、琉球処分後、比較的早く旧慣をすてて改良に向かうことができたのは、教育である。首里と首里からさほど遠くない村に住んでいた人たちは、この自由移民時代でも字が書ける人がかなり生まれている。なえさんは二年間学校に行ったからひらがなを書けたが、友人の女の人たちはそれさえも書けなかった。アメリカはサインの国であるから、自分の名前ぐらいは書けることが必要である。だが、それさえも書けない人がかなりいた。たまたまスペイン風邪の話のなかで、平良ウシさんを紹介したが、彼女も自分の名前も書くことができない。そのためサインは十字を書くことになる。私はアメリカの西部劇で、あるカウボーイは字が書けないので十字を書いてサインにしていたことを思い出した。移民もカウボーイと同

図11　文字の書けない人のサイン

ウシさんは本名であるので，字が書けないという事実を述べることに躊躇をしたが，言うまでもなく，これはウシさんの責任ではなく，その時代はそれがふつうだったのである．

じサインをしたのである。参考のためにウシさんのサインを紹介しておこう。

これら四点の指摘は、この三人からの抽象であるが、たった三人からでは完全な像が結びつきにくいであろう。この四点の指摘はこれにつづく章の各場所で不足を補足していきたい。なお、それ以外に差別と戦争の問題があるが、それはここでは触れずにおいて、最後の章でまとめてとりあげる。

人生をかえりみて移民はよかったことなのか

個人水準での評価

当山久三の志と移民の気持ち

沖縄県金武町にある銅像広場に示されている「当山久三の略歴」にいう。「県知事は新しい支配者として圧迫と搾取の独裁専横を極め、ために沖縄県民は屈従と経済窮乏を強いられたものである。当山久三氏が教職を辞したのは斯《かか》る殖民《しょくみん》地的支配からくる県民の奴隷化を見かね敢然《かんぜん》自由民権の獲得に望むためであった。……県知事の時期尚早論による官憲の妨害があり、さらに一般県民の移民に対する認識不足と資金調達の困難があった。だが氏の情熱と努力は、これらの難関を克服、遂《つい》に明治三十二年十二月五日第一回ハワイ移民二十余人の送り出しに成功……氏はその壮途に際し『いざ行かん吾等の家は五大洲』の不屈の言葉を県民に送った」

のである。

社会的矛盾をみすえた民権運動者のこのような高い志に対して、移民の政治的・経済的効果という「社会水準」からのみで評価をするというのもひとつの見識である。だが、ここでは、移民をした人、その人の「個人水準」での評価を考えようとしている。すなわち、移民運動に呼応して移民をした人たちは「自分」の人生をどのように評価したのだろうか。

人生をかえりみて、ある人にとってはハワイへ移民したことがよかったことであり、また他のある人にとってはあまりよくなかったことであった。移民の成功と失敗というと、どうしてもお金儲けをした人を成功者、借金だけを残した人を失敗者と位置づけたくなる。

肉親が無事かという基準

けれども、沖縄からの移民の人たちと話をしていると、明確に別の基準があるように思えた。それは聞いてみれば当然のことであった。

そのことを仲間源助はつぎのように端的に語ってくれた。かれは一九〇二（明治三五）年生まれで、一七歳になって「呼び寄せ移民」としてハワイにやってきた。かれが言うには、「労働には夢があり、労働がつらいということはない。つらいのは肉親の不幸」だという。なぜなら、沖縄にいるときは、家族の不幸があっても慰めたり支えてくれる親族が周りにたくさんいた。だが、移民は自分の家族だけという孤立をしているからだという。たしかにそうだ。

かれは「労働は、難儀は難儀だが、一〇時間働いても、つらいという気持ちではない」と言っていた。かれの説明では、首里などの町の出身者は、重労働で耐えられないと嘆いていたが、田舎の出身の者は、このような労働に慣れていたからだという。

かれには病死した弟がいたし、四四二部隊で戦死した弟もいた。その弟はボーイスカウトに入っていて、このボーイスカウトの人たちは全員が志願をした。そこで弟も自分の良心を曲げることができなかったからだという。戦死した弟はそのとき、二四歳だった。「お父さんも、お母さんも、そのことを信じられなかった。精神的にとても苦しんでいましたよ」。

それを見ていた源助も苦しんだだろう。いま生きていたら六〇歳ぐらいになっていたろうという。

しかし、移民の人たちが言っていたように、かれらの一生はさまざまな戦争の一生であったのである。その後、仲間源助とその妻は、自分の息子を朝鮮戦争に行かせないように、努力をした。息子が朝鮮戦争に「友だちが行くからワシも行く」というのを強く押しとどめたのである。「心細いですからノ」という親としては控えめな言い方を源助さんはした。息子の友だちは戦死した。

「友だちに対してはスマンがノ」と、源助さんは言葉を添えた。源助さん宅を二回目にたずねたときに、顔を合わすなり奥さんが昨日から孫が徴兵のための登録ですと心配そうに言った。ベトナム戦争でも多くの日系人が参戦し、また戦死したのである。

移民をしてきてよかった――安次嶺《あしみね》太良

庶民の経済状態と教育

安次嶺太良は一八八七（明治二〇）年生まれ。聞き取りをした一九八〇年七月三一日に、明日が誕生日で、それで九三歳になると言われた。横にいる奥さんも同じ日の生まれで、八九歳である。孫やひ孫たちが毎年、盛大に誕生日パーティをしてくれるという。男の子が五人、女の子が五人生まれて、嫁が五人いて、ひ孫まで含めると現在、一〇六人いて、またすぐにひ孫が産まれるという。

「嫁さんたちや子どもたちが誕生日を忘れませんよ」という。

太良さんは小禄《おろく》村の出身。そこは首里や那覇の港に近い農村である。そのため、キビやカライモ以外に、町の消費者のために野菜をかなりつくっていた。そこは現在は那覇市の一部になっている。那覇空港の近くである。一九〇六（明治三九）年に「自由移民」としてハワイにやってきた。一九歳であった。移民会社とハワイの砂糖会社と事前の取り決めがあったらしく、ハワイ島のコハラにすぐに行ったそうである。そしてそこのユニオン・ミル・シュガー・プランテーションで働いた。

「ちょうどロシアと日本の大戦《おおいくさ》。あれが明治三八年、おおきな戦争でしたよ」。

「〈妻の発言〉私は仮夫婦になって来ましたよ。私は一九〇八（明治四一）年に小禄から来ました」。

ここでいう「仮夫婦」とは、彼女がくるときは「呼び寄せ移民」の時代に入ったために、親族である必要があって、渡航前に形だけ結婚をしていることを意味している。

太良さんは一九歳にハワイに行くまでは、小禄ではお父さんと一緒に農業をしていた。そのためこちらに来ても「慣れておるから、ぜんぜん、困らんだった」という。

私は、生まれたときから、「仕事」する者として生まれた。農業は自分の頭に入っている。ただ、ワシ、学校の頭はなかったんです。尋常科四年をようやく終えただけです。

太良さんが学校に行った理由は、尋常小学校四年は終えないといけないと政府が強く言っていたからだそうだ。だが、他の移民からの聞き取りと比較すると、小禄は首里という都会に近いところなので、政府の方針が実現されていたようだが、当時は、地方では、学校に行かない子どもたちが大部分だったようである。親たちは子どもに学校に行くよりも、働くことを望んだからである。ただ、小禄のような都市近郊農村でも、妻が言うには、「私の家は貧乏でね、私は一〇歳になってから学校に行きはじめた」といっていたし、太良さんも本人は年齢を正確には記憶していないが、かなり成長してから学校に行きはじめたようである。親がしぶしぶ学校に行かせたのであろう。小禄の役所では学校に行っていない子どもをチェックして、強制的に学校に行かせるようにしていたようである。

太良さんによると、太良さんの親の時代の小禄の状態は、前の章で先立って紹介したものではあるが、つぎのようなものであった。これはまだ琉球国の時代のことである。

お父さんが話をしてくれたことです。いまは贅沢です。この話は忘れませんゾ。お父さんは一七の歳からさむらいの籠をかつぐ仕事をしなければなりませんでした。首里に近い百姓は無理に使われる。首里のさむらいの籠をふたりで担ぐのが仕事。一七歳と言っても、食べ物が悪いから、きちんと担げないのです。むかし沖縄の人は食べ物が悪かった。そうすると人間の子どもが大きくならないんです。それでお父さんもいまの私よりもずっと小さかったんです。

食べ物についてのもうひとつの話があります。食べ物が悪いから人間の子どもは太らなかった。けれども人間はお金に困っているから、売るために豚を太らせる。人間の子は太らんでも、豚はどんどん太っていく。これは冗談ではありませんゾ。

お父さんから聞いた当時の沖縄の庶民の経済状態はこのようなものであったのである。もっとも琉球王国がおわり、沖縄県に変わっても、庶民の生活が飛躍的によくなるものでもなかった。そのため、子どもに学校へ行かせるということは、役所からの強制によらなければ、なかなか実現できるものではなかったのである。

組合をつくってハワイへ

「〈妻の発言〉私は一六のときにハワイに来たから、泣いて仕事をしました」。

彼女は沖縄では、機織りなどをしていて、農業をしたことがなかったからである。また、小禄は町に近いので「女たちは百姓をしていません」というような状態であった。野菜などの農作物を町に売りに行ったりしていたのである。そのため、「〈妻の発言〉小禄の人がハワイに来て、なんの役に立つかと言われたけれども、やったら農業もできます」。

「あの頃は五から六人で組合をつくってハワイに来ました。自分勝手に自由に来れるものじゃないです」。

「〈妻の発言〉会社からお金を借りていたからです」。

ハワイに来るときは、六人で組合をつくり、その六人が移民会社からお金を借りるという方法をかれらはとった。移民会社があみ出したある種の連帯責任制である。そのために、沖縄の土地を売らなくてすんだそうだ。そしてその六人はその後、ハワイで収入を得て、全員がその借金を返済した。

沖縄と同じ暮らし

「コハラ耕地について、一～二カ月たったころでしょうか。耕地で天長節（天皇の誕生日）の祝いがありました。

にぎやかでしたゾ。相撲とったり、なんとかしたりしてノ。

あのころ、沖縄出身の相撲取りで、有名な人がおりましたゾ、沖識名いうてノ。ただあのころは活動写真もなんにもありませんでした。

あのころの月給は、月に二六日働いて一八ドル。お金は一〇ドルの金貨、五ドルの金貨、それと銀貨が三つ。それで一八ドル。ボーナスはありませんでした」。

「〈妻の発言〉女の人は一三ドル」。

「あの時代は、会社がつくってくれた家々に水が来ていなかった。食事をつくるための水は近くにない。キビのための水が山から流れてきているので、その水をくんで、それを運びました。それを飲み水にしていました」。

「〈妻の発言〉ちょうど、沖縄と同じ暮らしじゃったね」。

「〈妻の発言〉電気がなかったから、ランプでね」。

太良さんは結婚する前は、単身者用の弁当をつくることを仕事とする人から弁当をつくってもらったりしていた。その仕事を大クック（食事と洗濯をするコック）とよんでいた。それは主に女性の仕事であった。また、弁当では安くしようとすると、五センであんパンを買ってそれを弁当にしたこともあるという。おかずはイリコ以外に、くるま麩といって水につけるとパンのようにおおきくなる麩を使うこともあったという。

「〈妻の発言〉私は一六人の大クックをやってました。一八歳のときから。ひとりから一円ずつもらって、月に一六円（ドル）もらっていた。毎日、一六のおかずをつくり、一六のお茶をつくった。お茶はビンに入れて仕事にもっていくの」。

単身男性からすれば、月に一ドルを払えば、食事をつくる労をまぬがれたのである。なお、月に一ドルというのはつくる側の労賃としての収入で、食事の原料代が入っていなかったと想定される。なお、妻はそれに一六人分の洗濯もしている。「これ（妻）はクックする方。私はまたね、山から薪を集めて、それを運んできて、みんなから五〇センもらっていた」。これは午後四時半にキビ畑から帰ってきてからの私的な仕事である。

「ワシはいつもハッパイコウ（耕地労働のうちでも、もっとも体力を必要とする仕事のひとつ。キビの束を担いで、集積場までもっていく仕事）として、キビを運んでいたから、頭のよこに固まり（瘤のようなもの）があります。キビの葉が強いので、耳がつぶれた人もいます。われわれの時代は、昔は、バカらしいことをやってますよ」。

また、キビ耕地の仕事以外に「ワシはキビ畑からもどってきてから、いくらでも仕事をしました」のだそうである。豚飼いや会社の馬の飼料としての草刈り、また豚の肉の販売もよい収入になったそうである。

土地を借りる

二三歳のときに太良さんは、年をとって仕事を辞めようとしていた熊本県人から、野菜付きの六エーカーの土地をリース（借りる）する。当時はお金がないから借金して、この土地を借りたそうである。まず、その畑で栽培してあった野菜を明くる日から売り始めた。野菜つくりは小禄でお父さんと一緒にしていた仕事であったから手慣れたものであった。

バギーとよんでいたが、一匹の馬が引く荷台に野菜を載せて妻が売って回った。男が野菜をつくり、女がそれを売るという沖縄の小禄のやり方と同じである。また野菜以外にイモもつくったそうである。イモも一パウンドが五〇センで売れた。

「そういうことをしていたので、月にプランテーションから一八ドルの時代であっても、借金をせずに一〇人の子どもをそだてましたよ」。

「(途中から話を聞いていた「太良さんの次男」〔六八歳〕の発言) あの頃は、子どもたちはみんな働いていましたよ。お母さんはブレッド (bread, パン) もつくっていたので、ワシは学校からもどったら、それを売りにいっていた。それと妹たちはお母さんと一緒に洗濯の仕事をしていた。ワシらはブレッドやそれ以外のものを現金で売るし、信用できる人にはツケで売る。ルナがあのころは、月に三〇ドルの収入の時代に、ワシはツケを集める金額だけで、月に七五ドル〜八〇ドルほどあった (これは純益ではなさそうである)。ブレッド、洗濯、豚肉なんかで」。

「(妻) 日本着もつくって売りましたよ」。

「あの時代は女でも子どもでも、一生懸命に働いたもんですよ」。

また、「二頭立ての馬で客引き（一種のタクシー）までした。馬は当時、五〇ドルぐらいで手に入った。田舎の道はあの時代は、雨がいっぱい降るので油のような泥道でした。馬でもその泥がとんで、横腹までも汚れていました。それからとうとう自動車がハワイでも見られるようになり、ナインティフィフテーン（一九一五）のフォード・カーを四〇〇ドルで買って、馬に代わってそれで客引きをしました」。

「上村《かみむら》という人が車の運転ができる人で、その人に運転の仕事を習いました。この上村は昔は首里じゃが、田舎の方にいかんと食べられんようになって、中城《なかぐすく》で住んでいた人です。首里人《しゅりんちゅ》で、昔はさむらいだった家の人です。それがまた沖縄人なのに、日本の学問ができ、英語までできる人で、プランテーションで、人を使って監督（ルナ）をしていた人ですが、はやく亡くなりました。奥さんもすぐに亡くなりました」。

「（次男）とってもよい人だったね」。

上村さんは前に紹介した永山盛珍と同じように、士族の家系で琉球国が滅びてのちに、田舎に下りていった人だと思われる。士族は子どものころから学問をするようにしつけられていたから、上村さんも学問のある人で、そのうえ、子どもにもやさしかったのであろう。

その後、土地のリースを一五エーカーに増やし野菜をつくることに専念した。規模の拡大である。そのころにはプランテーションでの労働はほとんどやめている。

みんなに笑われる

リースした土地での野菜づくりが成功し、一九二九年に太良さんは二〇〇〇ドルで自分たちの土地を買ったのである。それをリースした土地と区別して、かれらは永代地とよんでいる。

「(妻) ウチらが土地を買ったのをみんなが笑っていた」。

なぜ笑われたかというと、それは三〇〇ドルのお金を貯めて日本に帰るというのがみんなの考えであったからだそうだ。「安次嶺はここで土地を買った。日本に帰る気がないのだと、うわさになった」。

「(次男) ソウ、みんなが『バカたれ』『バカたれ』と言っていた」。

「だけど、私の考えはノ、土地をもっている方がリース代を払わなくてもよいからもうかるし、いつでも売れる。日本に帰りたくなれば、いつでも土地を売ればよいというものだった。それでそんなうわさがたっても気にしていませんでした」。

この二〇〇〇ドルで買った永代地の広さは一七エーカーであった。その土地にキビをつくって、成長したキビを砂糖会社に売るという契約を砂糖会社とする。刈り取り作業から以降は砂糖会社の仕事となる。サトウキビの生長まで二年近くかかるが、そのサトウキビを売ると、二〇〇〇ドルほどの収入があった（話に食い違いがあり、平均するとこの土地から年に五〇〇ドルほどの純益があったと想定される）。自宅も二階建てのかなり大きな家になったし、自動車も八〇〇ドルを出して買い換えた。

「それでこの一〇人の子どもは太る（栄養不足にならない）。お金も残ったんです」。

そして、成長した子どもは学校にいくために、順番にホノルルに出て行くようになった。

このように生活が安定してきたが、ここで奥さんが思い出すように、自分のことを語ってくれた。

奥さんの思い出

「（妻）私がまだ沖縄に住んでいるときのこと。お姉さんがハワイに行くというので、ワシはお姉さんを見送りに行きました。お姉さんが二二、ワシが一六。お姉さんは体にベビーが入っていて、船に乗ったらゲーゲーすると言うんですよ。お姉さんがワシが行ったら体がこんな状態だから途中で死ぬかもしれない、それで（姉さんの呼び寄せの権利を使って）アンタ行ってくれ、と言われた。それで私はお姉さんの代わりなので、二二歳と言ってここに来ました。また、ワシは上原、ウチの姉さんは結婚していて高良という姓でした。

それで私は高良という名前を使いました。それで私はこちらに来て、結婚して、四人の子どもを産んだけれども、結婚届もなにも出しませんでした。姉さんが来る、来ると思ってね」。

太良さんが言うには、妻が「四人の子どもを産んだときにウチ（安次嶺）のお母さんがですね、七三歳で年ですよね。弱ってきたので嫁さんに来て欲しいというので、沖縄に行かしたんですよ」。

「（妻）それは私が二五歳のとき。ふたりの子どもを連れて沖縄に行って、二年後の七五歳で母が亡くなられ、三年忌をすませて、ハワイにもどってきました。五年間むこうにいました」。

「（妻）沖縄に行っているときに、笑われましたよ。四人も子どもがいて、戸籍の登録もしていない。結婚届も出していないということで」。

「四人も子どもがいて、ワシの戸籍に載っていないからね」。

ホノルルへの移住

第二次大戦にかかる手前のころに、太良さんは暴れ馬に乗っていて落馬してかなりのケガをした。上の子どもたちはホノルルにおり、戦争に入ると、灯りが窓外にもれないようにするなどのブラックアウト（灯火制限）など制限が強くなった。そのため、太良さんがかなりのケガをしても、子どもたちもなかなかハワイ島にまで行きにくくなった。そこで息子が永代地を売ってでもホノルルに来なさいと言ってくれた。「ワシは正直なもんでね、子どもが言うのをすぐに聞き入れた」そうである。戦争が終わった直後に、家族でホノルルに移住をした。

ふりかえってみると、「お金がよくたまりました」。

「(次男) ママが、やりくりが上手だから」。

「ママがのう、むちゃくちゃには使わん。出費がかさむと、もう危ない言うて、注意をした」。

「夫婦はネ、一緒でなければいけません。男がいくら頭を使ってお金が入るようにしても、女が使うようなそんな夫婦がたくさんおりますゾ」。

「ワイフ、妻が大切ですよ。それでお金も残りましたよ」。

「(妻) 交際はしなければいけません。少しお金を使っても」。

たしかに「私らはこのホノルルでもいろんな人とちゃんとつきあっていますよ」。

先祖のおかげ

「私は思いますがノ、私らがここで大繁盛できたのは、子どもや孫がたくさんできたのは、私らの力ではない。先祖のおかげさまです。それで戦後は沖縄に一〇回も先祖を拝みに行っている。戦争で被害を受けたお墓も私はなおしました。そのお墓を掃除しているときにアメリカ人のハオリ〔ハワイ語の白人〕がノ、立派にきれいにしておるから、墓の中をみたいと、日本語で、日本語でですゾ、話しかけてきた」。

沖縄のお墓は亀甲型の墓でとても大きくて、石でできたドアがついているが、死者を入れるとき以外に、ドアを開けると死者を招くということで、中をみせられなかったのである。だが、戦前のハワイではハオリであるアメリカ人は、ルナよりも偉くたいへんな力をもっていた。それが戦後の一九五〇年代に沖縄に行ったときには、そのハオリが日本語で話しかけてくるというのは、太良さんにとって、大きな驚きであったのである。

五代もつづいて、そのみんなが元気なのはめずらしいことだと、太良さんの横にすわっている次男が言い、奥さんが、来年、またひとりひ孫が生まれると楽しそうに言葉を添えた。太良さんはそのふたりの間に座って、小さなほほえみを浮かべていた。太良さん夫婦は次男夫婦と一緒に住んでいて、明日は「大家族」が誕生日祝いにおしよせてくる日なのである。

平穏を願っても不幸なことはおこるもの——新垣喜勇

新垣ボーイ

一九一二（明治四五）年、新垣喜勇は六年間の尋常小学校の教育を終えて、父の呼び寄せで、ハワイに向かう。一二歳であった。この喜勇少年は、歳月を経て結婚をするが、太平洋戦争の開戦日、一九四一年一二月七日に、日本軍による真珠湾攻撃があり、ホノルルで炸裂した砲弾によって、自分たちの娘を失う。新垣喜勇はほとんど自分の感情や感想を交えずに、私の質問に対して、事実だけを淡々と述べた。

その新垣の一生を書き記せば、以下のとおりである。

僕は島尻郡玉城村《たまぐすくそん》字前川《まえかわ》出身です。一九〇〇年の四月生まれです。僕のこの地区がアマミキヨ（琉球の国土創成神）という沖縄民族の先祖の発祥の地です。一九一二

図12　キャンプでの労働者の住居（1980年頃）

（明治四五）年の四月にこちらに来ました。お父さんは一九〇五年にハワイに来ましたが、それは沖縄に残った母が妹を出産する前のころです。お父さんはハワイにいましたから、ワシは兄弟が少なく、妹とふたりだけです。

僕はカウアイ島のマカベリ耕地に行きました。なかにいくつかのキャンプ〔移民の多くは館府と表現していた〕があって、僕は小さなキャンプで、キャンプ7でした。キャンプ1は大きなキャンプで、この耕地にはキャンプが10まであったと思います。まだ僕は子どもだったので、子どもナンバーをもらいました〔移民労働者は勤務するカンパニーからナンバーをもらう。男子大人が通常のナンバーで、他に女のナンバーと子どものナンバーがあった。女のナンバーは労賃が安く、子どものナンバーはさらに安い〕。労賃として月に二六日働いて、男があの頃は二〇円だったとおもうナ、はじめは一八円だったが。女が一三円、子どもが五円だった。いまから考えると安くてバカらしいよ。食べ物や洗濯代などで七円ほどかかるから、赤字になるので、数ヶ月後に、川の縁（遊休地）で稲作りをしている沖縄の人の手伝いをすることにして、そこで食べて、米一俵もらうという仕事をした。ただそこは谷の奥で、キャンプから離れているうえに、川があって危険だし、車も通らないので医者がこないところなので、不自由であった。そこで一年半ほどして、再びキャンプにもどることにしました。

ハワイに来て二年ほどして、お父さんと一緒にキャンプ6に移動した頃に、僕は女のナンバーがもらえるようになりました。僕はパイラというキビを集める仕事をした。これは女の人がすることが多いが、僕は子どもだからそれをした。焼いたキビを集めるので汁が出て、手がネチャネチャして困りました。

それからさらにキャンプ4に移動して、近くのキャンプ1に夜学校があったので、仕事のあとで、そこに通い始めましたよ。英語の学校で少しは読み書きができるようになりました。沖縄で勉強をしてきたけれど、お父さんらは沖縄の方言が強く、まだ二世がいない時代だから自分の沖縄方言も直らない〔夜学校には沖縄県以外の日本人もいるからそこで結果的に日本語も学べたらしい〕。夜学校は二年間通った。夜学校は無料。無料なのは、病院もそうでしたよ。遊ぶことといえば、同じ年頃の人がいないので、キャンプには理髪屋があって、そこで碁を打ったりしよったです。また遊びとしての花札もしました。たったひとりの少年なので、私はいつも新垣ボーイと、ボーイ、ボーイと呼ばれていましたよ。その後、ホノルルに出て大きくなっても、「ボーイ」と呼ばれつづけました。

このキャンプ4にいるころ、一六歳ぐらいから男のナンバーをもらえるようになった。

もともと沖縄にいた頃はおじいさんがいて、おじいさんと一緒に農業をしていたから、町の人と比べると体ができていましたよ。それで仕事はそんなに遅くなかったですよ。おじいさんとおばあさんがいるので、母はその面倒をみるためにずっと沖縄にいました。その後、お父さんもはやく沖縄に帰ってしまいましたよ。じいさん・ばあさんがいるからと言ってね。お父さんは僕が一三歳のころと同じ背の高さで小さい人でした。お父さんが帰ったのは一九二〇年ごろです。それからすぐに母が亡くなり、父も一九二四年に亡くなりました。

この一六歳のときに大正天皇のご即位式（大正四年）がありましたよ。その頃になるとハッパイコウもカチケンもできるようになりました。けれどもキビ畑の仕事ではあまり金儲けにならないとおもって、ワシはホノルルに出ました。欧州戦争〔第一次世界大戦、アメリカ合衆国は一九一七年に参戦〕があったころで、ワシは一八歳、それは一九一八年でした。

ホノルルに出る

最初はレストランの皿洗いとか、店の売り子をした。また、洗車などの仕事をした。この頃は月給が五ドルしかなくて、たいへんでした。ただ、この洗車などのガレージでの仕事で運転を覚えた。そこで運転免許を取りに免許所へ行ったが、昔の車はギアがないので、坂のところでミスをしました。それでもなんとか免許をとりました。

仕事の成功

アメリカは戦争への対応のために運搬業者の不足となり、その結果、新垣さんはドライバーとして福岡県人が経営する運搬業に勤めることになった。その後、ホノルルのダウンタウンにあった青物屋の松田商店の売り子になった。そこで二〜三年仕事をしたそうである。店に出るのと、小型トラックを使っての注文とりと配達が仕事である。結婚は二一歳のとき、一九二一年であったという。すでに店で勤めていたので、なんとか二人で食っていけたという。相手は同じ村、同じ字の人で、小さい頃に少しばかり知っていた人だった。仲介者をつうじて結婚をした。結婚後二年たって最初の子どもができた。その後、野菜やソーダなどのビン類をおいた自分の小さな店をもったがそれは失敗してしまった。そこで経験のある運搬業を自分ではじめることにした。運搬業はそれほど資本がなくてもできたからだという。友人から借りたお金と自分のお金を合わせて、三〇〇ドルで中古のトラックを手に入れる。それは一九二七年のことである。結果的に、この仕事はかなりの利益を出した。そこで規模を大きくしはじめ、人も四〜五人雇った。

仕事がうまくいきはじめていたところ、一九二九年の世界大不況を迎え、経営は傾きはじめた。ただ当時はまだ、雇い人への給与は安く、三五ドルを払っていただけなのでなんとか乗り越えることができた。ルーズベルトが大統領になり、それからは経済が安定する。ふたたびトラックを増やしはじめて、使用人も増やした。給与を安くして賄い付きであったが、雇い人が多くなったために、「ママがクックをするのがたいへん」という理由で、賄いを止めて、月給を払うだけにした。そのため、ひとりあたり七五ドルを払ったという。また船が入港したときには臨時にフィリピン人を雇ったりして対応した。ともあれ、以降は利益をかなり出す経営ができたのである。

日本や中国へ行く

一九三九年には日本へ観光に行った。各地の観光も含めて海軍省や陸軍省も回ったそうである。また、別のときに、将来、子どもを満州方面へ行かせようと思って、支那（中国）にも行った。満州は発展しそうだったからである。南京から蘇州、上海などにも行った。汽車のなかでは、鉄砲をもった日本の兵隊たちでいっぱいだったという。

新垣さんが言う。

あの頃はもう、日本とアメリカは仲がよくなかったからね。戦争になるような気がしましたからね、それに関係するような、なんかそんなことを、海軍省だったか陸軍省だったか、なんか言っていたよ。

戦争が起こる気配があり、東京の世田谷に家を買ってもっていたので、一九四一年に自分の子どもの六人のうち、年上の子ども四人を東京に連れて行った。世田谷の家に子どもたちをおいて、それでワシはハワイに帰ってきたのだが、それがハワイに行く終わりの船だよ。天洋丸だったか、浅間丸だったか、船の名前は忘れたが、その船がホノルルに近くまで来たら行ったり来たりして、港に入らないんだ。なんで入らないかというと逓信省から「入るな」という電報が船に来ていたんだ。女なんかは不安で泣くのもおったよ。また、ハワイから日本に引き上げる最後の船もありましたよ。私はビジネスがあったからそれには乗らなかった。

パールハーバーの攻撃と娘の死

パールハーバーが攻撃をうけた一九四一年一二月七日は、はじめは激しい演習だなと思って見ておったんですよ。ところが、飛行機が飛んだりしているし。それは日曜日でしたよ。うちの小まいギョールが、サンデー・スクール（日曜学校）に行っていて、逃げるんですね。その逃げる途中に〔日本の飛行機をねらう高射砲の〕弾が石垣にあたって、それが破裂してそれでウチのギョールにあたって。即死だ。……アァ、即死ではないが、ウチの子を抱きかかえて病院まで運んだ人が言っていた。病院につくまでは生きていたと。そんなことはワシらは知らなかった。うちの一番小まいの（死んだギョールのさらに下の子）が、あれが七つかね。まだ小学一年生のが来て「お父さん」、そして、なんやかやワシに言うんだが、なにを言っているのか分からんのよ。あれもたまげて（ビックリして）いたんだろう。それでワシは学校まで行って、それから病院へ行ったんだ。ところが、病院に行っても会わせてくれない。戦争だから。それから後で葬式をしました。

ラジオを通じてこれが戦争だと分かりました。アメリカの兵隊なんかはたまげてね、また戦争の経験がないらしいです。そして日本人二世らがノ、パールハーバーで仕事をしよったのです。あれらが高射砲を撃ったわけね〔この日本人二世が自分の娘に高射砲の弾を当てたんだという、現実的ではない解釈をして、自分を納得させている論理については、私はうまく説明ができない〕。日本の飛行機が低く飛んでいるもんだから、弾が低く来るんだ。ギョールと同じ同級生で足がなくなった者はおるが、死んだのはワシの子どもだけです。ウチのは背中に当たって血が止まらんのよ。なんぼガーゼを入れても止まらんかったらしいです。そんなことを抱いて運んでくれた人が言っていました。

逮捕されてキャンプへ

それから、なんていうの、戦争になって。夜は外に出られなくなりました。一九四二年になって、私はつかまった。引見（逮捕ほどの拘束はない）された。それは私は観光で支那に行っているし、子どもが日本にいる〔戦争前から長男などを東京の学校に行かせていた〕から。なんぼ弁解してもダメ。いろんな質問をされたよ。ワシは英語があまりできんからね、日本人の通訳がいたよ。どうして日本に行ったのかというような質問で。私は子どもを親に預けるために行っていたとか、少しウソをいったよ。子どもを日本に留学させたというとややこしいからね。

でも、二〜三回の取り調べの後、ホノルルの奥の方にあるキャンプに入れられてしまった。ホノウリウリ・キャンプです。そこに二年ぐらい入っていました。ただ、憲兵がついてくるが、一ヵ月に一度はキャンプからは出られたので、運送業の仕事などの状態をみることはできた。仕事はハワイ生まれの者にまかせていた。このキャンプでは部隊（というグループ）があって、台所係などの担当が決まっていて、僕はハウスの掃除という楽な仕事の担当。ただ、仕事中にコンベアに指を挟まれてケガをした。それで指が短くなった。キャンプのなかでは行動は自由で、碁を打ったり、花札で遊んだり。ベースボールをしたり。ハハッ、自分らは若いから女のピクチャーを貼ったり。一ヵ月に一度、キャプテンが部屋のなかを検査に来ますよ。そしてピクチャーを見て、笑っていたよ。コロラドで発行している日本語の新聞もキャンプには入っていました。

しばらくたって、このキャンプにサイパンから日本側のコリアン〔おそらく日本軍属の朝鮮人〕が来ましたね。あとからは、沖縄の人もきましたよ。ただ、それら私らと少し離れたキャンプ。

会社はなくなり、長男は朝鮮戦争へ

二年後にこのキャンプから出てみると、私の会社はなくなっていた。一生懸命に働く人がいないからそうなってしまった。それで運送用のトラックを売って、タクシーの運転手をはじめました。タクシーの運転免許の試験は英語だから免許をとるのがむずかしいんですよ。サージェント（試験官）に知った者がいて、試験の後で料亭で飲んで食べさせたですよ。それで免許がとれて、仕事をはじめた。タクシーの運転をしばらくしていて、日本領事館の担当になった。日本から衆議院議員などがきてその案内をした。高松宮さんも案内をした。代議士の人や、ときには観光客もいて、そのなかでもパールハーバーを見たいという人は多かったのです。そこで、山の高いところに連れて行って、よくパールハーバーを見せましたよ。

家族では東京にいた長男が戦時中に東京で焼夷弾が落ちて足をケガをしたよ。渋谷の病院に行くと、足を斬ることになった。けが人がいっぱいで手当ができなくて、ウジがわいたりしていたらしい。うちの上のギョールが大本営に勤めていて、頼んだら陸軍病院に入れてもらえた。そこで蜂蜜をぬったら直ったらしいです。戦後、ハワイに帰ってきて、ハイスクールにいって、それから軍隊に入った。「お父さん、兵隊を志願する」と言って。足が悪かったが入れてくれた。もう戦争が終わって、世界が平和だと思っていたからそれを許しました。そうしたら、朝鮮戦争が始まった。そして北朝鮮の捕虜になってしまいました。捕虜の生活はきびしかったようです。鴨緑江かな、あの辺りで、寒かったらしいです。戦争が終わるまで入っていて、いまはロスアンジェルスに住んでいます。

ワシは一九七四年に、それまでしていたタクシーの仕事を引退をしました。いまから六年まえ。七三歳のお祝いのときには子どもたちが集まってくれたという。

不幸や不運もいろいろあったけれども、新垣喜勇さんも「生き抜いてきた」人のひとりといえよう。

まっすぐに生きる——島袋長勇

島袋長勇さんは、前著の『沖縄ハワイ移民一世の記録』でとりあげた人なので、そこでとりあげなかった資料を加える形でごく短く紹介することにする。

誠心誠意でないと

わしがハワイに来てから、アー、六三年になりますがノ。大正四（一九一五）年に一八歳八カ月で羽地村字田井等《たいら》からきました。わしは明治三〇年（一八九七）生まれ。これがそのときの旅券。四尺八寸六分（一四五センチ）しかなかったんです。

沖縄の話をすると、わしらが小さいときには、身分があって、沖縄では、士族と平民でした。わしは平民。小さなひとつの田んぼと九つの畑がありました。わしの家は字（集落にあたる）でも真ん中よりも下の方でした。わしらの時代は、ひとつ年上でも道で会ったら、「おはよう」それから「こんにちは」と、年下から頭を下げる。そうせんと、「アー、島袋の長勇はものが分からん」とその人は家に戻って話をする。そしてそれが広まっていく。

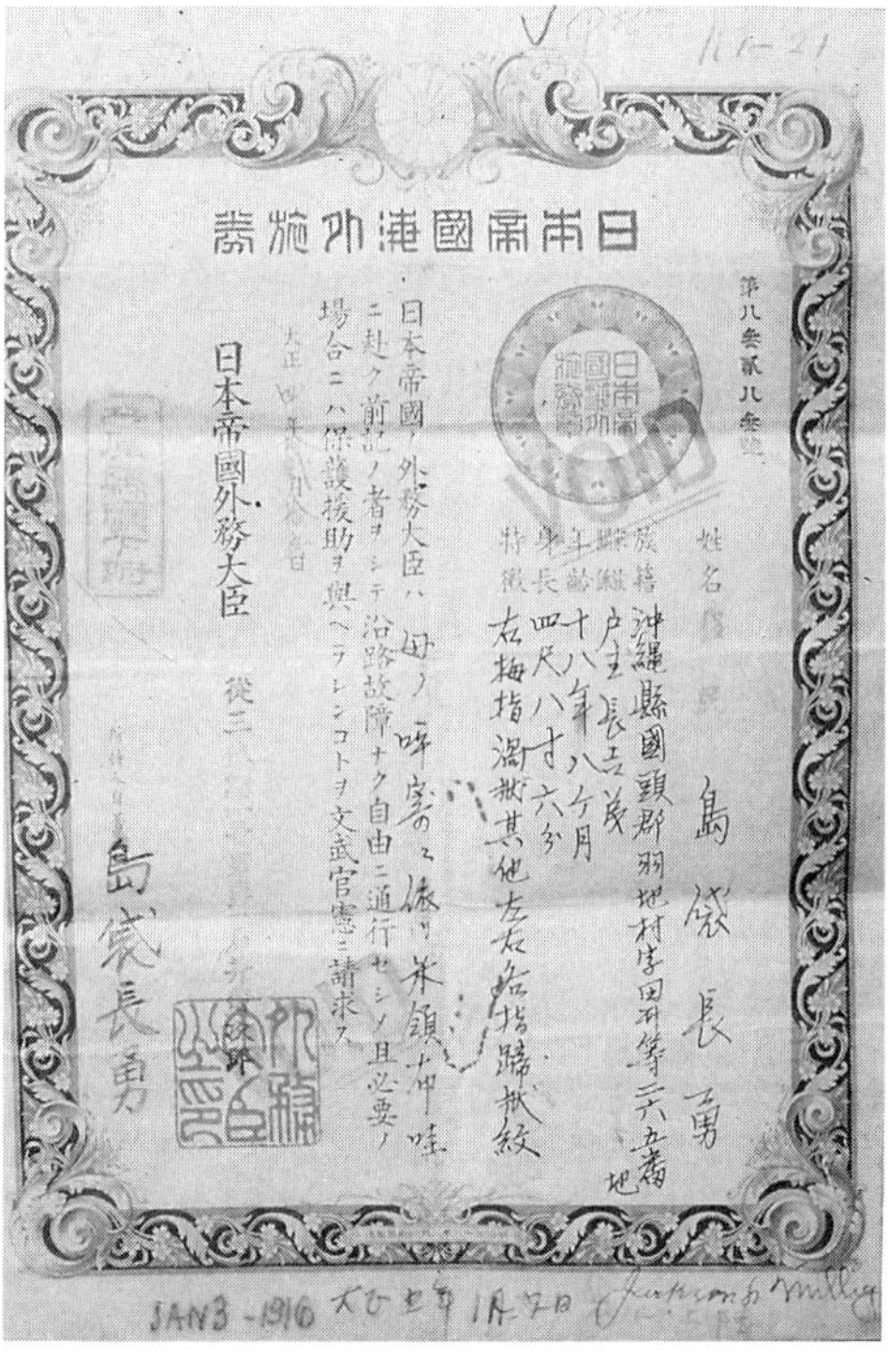
日本帝國海外旅券

姓名　島袋長勇
族籍　沖縄縣國頭郡羽地村字田井等二六五番地
身分　戸主長男
年齢　十八年八ヶ月
身長　四尺八寸六分

前記ノ者ヲシテ沿路故障ナク自由ニ通行セシメ且必要ノ場合ニハ保護扶助ヲ與ヘラレンコトヲ文武官憲ニ請求ス

日本帝國外務大臣

島袋長勇

JAN 3 -1916

図13　島袋長勇さんの旅券

わしらの田井等に外から悪者が来たというと、こう手吹くんじゃ〔口笛のようなもの〕、手吹いたら、字の東と西に青年が集まる。逃がさんようにすぐに青年が集まって、すぐに捕まえて、ロープで縛っておく。後から巡査が来る。こういうように、青年が悪い者を捕まえていた。青年会〔これは日本の国家が指名した命名で、沖縄では青年のことをニセといい、その組織をニーセジュリーというというのがあって、青年会長は、なにをやらせても人には負けん、腕でもなんでも上の者がなる。学問ばかりがあってもならん。青年（ニセ）の道、青年の規則を守って、りっぱに実行していく人がなる。

なぜハワイに来たかというと、沖縄におっても銭がもうからん。ハワイは銭もうけのために来た。兄が先に行っていて「呼び寄せ」です。カウアイ島のマカブライド・シュガー・コンパニーで働いた。はじめの仕事はホウハナ（雑草を刈る）とハナワイ（水やりをする。畝の間に水が流れてくる）。ハナワイの仕事では、水が多く流れてくると、仕事がたいへんで汗だらけになるんですよ。デッチメン（ditch men. 上流で水の流れを調整する人）が、自分が嫌いな人には水を多く流して疲れさせ、自分が好きな人には楽をさせる。人間はなんでも正直であったなら、むこうも正直になる。こっちが悪かったら、むこうも悪くなりますが。

〔一緒に働いているひとのなかに〕森岡さんという人がいました。その人が、わしに「日本のわしらは地理・歴史を尋常（小学校）で習って、高等（小学校）でと、二遍も習うておる。あんたら（沖縄人）に教育勅語を、わし、聞かせてやろうか」いうから、わしが教育勅語を覚えておるから、「朕惟《ちんおも》ふに……（教育勅語全文）」と言うたら、もう驚いての、「沖縄にも学校あるのか」ちゅう具合で、顔をいがめよった。……分からん人がいうんですから、しょうがない。

いっぺん、わしはこんな目にあった。わしは重い肥やしを背中にかついで歩いていたの。ふつうなら、ダンプカー・ドライバーが運んでくれるんだが、わしはコントライキ・ボーシ（独立して契約している者、一〇数年後、長勇さんはプランテーション内で契約農民になっていた）だから、自分で運んでいた。そのとき、ヒル・ボーシ（field boss, 白人のボス）が馬に乗ってやってきた。ヒル・ボーシはいつも馬に乗ってるね。「徳勇、ユーはピッチ（bitch　軽蔑的用語、雌犬）」というの。

『Oh《オー》, What《ファアット》? Mr.《ミスター》 English《イングリース》, bitch《ピッチ》? No《ノー》, no《ノー》, I《アイ》 not《ノット》 bitch《ピッチ》. You《ユー》 get《ゲット》 down《ダウン》』といって、わしがヒル・ボーシの足をつかまえて降ろそうとしたら、うちの兄さんがそれを見ていて、おどろいてかけつけてきて、「なにをしてるか」というた。

「ノー、ヒル・ボーシさんが、ミーをピッチ、いうからの、ミー、人間としての……。なんぼヒル・ボーシでも、ミーがあんな重たいものを、こっちまで運んでおるときに、あのように悪口をいうから、ヒル・ボーシでも許さん」。こういうた。

あれから、ヒル・ボーシはわしをかわいがりはじめた。「You《ユー》 nice《ナイス》」いうて、わしは「まっすぐだ」いうて。

それだから、やるべきときには、人間は、なんでも几帳面にやらんといかん。

このミスター　イングリース〔ルナに多かったポルトガル人はイギリス人をこのようによぶ〕は長勇さんをとてもかわいがり、かれが牧場の多数の馬をまちがってサトウキビ畑に放ってしまって大騒ぎと損失を与えた大失敗なども、心配するなといって許してくれた。二三年間働いた後に長勇さんが耕地を去るときは、見送ってくれたが、イングリースの奥さんは涙ぐんでいたという。それから、かれは第二次大戦がはじまる一年前からホノルルで豚の飼育をすることになる。二〇〇〇ドルで山口県の人から養豚業の権利と施設を買い取ったのである。戦争がはじまると豚の値が上がり、「豚を五〇ドルと言っても、七〇ドル置いていくのですよ」という状態になった。とても運がよかったという。

カウアイ島の南にあるプランテーション。島袋長勇さんはここで二三年間暮らした。図14はその記憶にもとづく模式図である。一九一六（大正五）年から一九三九（昭和一四）年までいた。

プランテーションの形態とその生活

どのプランテーションにも、ミールと呼ばれる加工工場がある。そこには巨大な煙突がそびえ立っている。日本人はプランテーションを「耕地」とよぶ。また、キャンプを「館府」と書くことが多いが、いわば居住集落である。

このワヒアワ耕地は、典型的な耕地のひとつなので、耕地がどのような構成になっているのかを知るためには便利であろう。模式図から、ここではキャンプ1～3が元からの中心的なキャンプであろうと推察できる。その後、キャンプの数が増えていったのだろう。

この耕地でも日本人が多かった。長勇さんの記憶では、沖縄人は六〇～七〇人いたそうである。キャンプのなかでは、日本人がもっとも多かったこともあって、日本語、とりわけ広島・山口弁がいわば公用語である。二世の日本語が母国語としての日本語であるのは、そのためである。

図14の中の鉄道というのは、キビをミールに運ぶためのものである。六頭立ての馬が二両連結の車を引っ張る。畑のなかでは、レールは移動式で、それを運ぶ労働者をツライキ

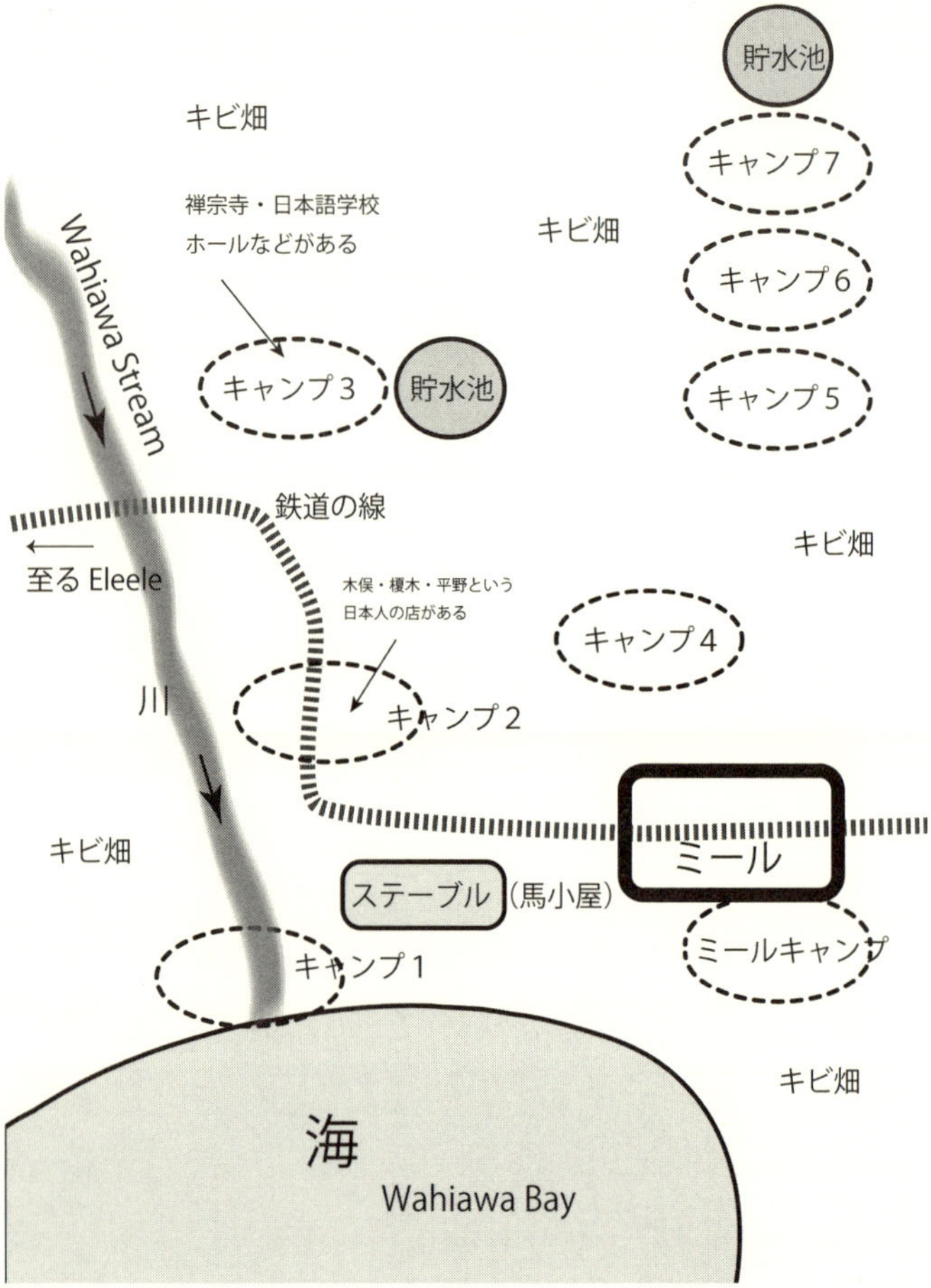

図14　ワヒアワのキャンプとミールの位置概念図

図15　ミールキャンプからみたミールの煙突

図16　禅　宗　寺

キャンプ３と貯水池の間を1980年現在では，ハイウェイが通っている．禅宗寺の左端の看板にはBON DANCEという文字が見え，盆踊りがもうじきはじまるのである．

メンという。重いので、重労働である。ハワイ島は雨が多いので水に苦労しないが、ここカウアイ島は雨が少ないため、川や貯水池が貴重である。キャンプ3には、図にあるように、禅宗寺という日本人が行くお寺があり、また学校やホールもあった。

キャンプ2には店が少しあったが、ちょっとした買い物は地図の左の方のエレーレに行き、写真屋さんなどの日常的ではない用件は、さらにその先にあるハナペペの町まででかけた。

第二次大戦の経験

そして第二次大戦である。日本の飛行機をみて、「勝ってくれよと、わし、手を合わしたんじゃがノ」ということだが、この戦時中は他の人と同じように、敵国人として長勇さんも苦労をする。だが、自分は正直に生きてきたから、こんな得なことがあったと戦争に関わる話をしてくれた。

一〇〇部隊（日系二世の兵隊と白人の将校から成り立っていた）の話ですか。そんな話（一〇〇部隊の悲劇）いまでもつらい話です。

ハオリ（白人）でルナ（プランテーションの監督）であった人でミスター、ジョンソンという人が兵隊になって、ドイツに行っておった（イタリア戦線でドイツと戦った）。うちの兄さんの長男が一〇〇部隊で行っておったの。行ったら、ミスター、ジョンソンが、「シマブクロチョウイチ」いうと、「チョウイチ、ユーは長勇のなにになっておるか」と聞くので、「おじさん」と答えると、「アァ、そんならユーは戦地に行くな、ミーのところで働け」いうて、オフィスで働いた。人間はまじめなことはたいしたもんですよ。あの一〇〇部隊の戦争で、みなほとんど死んでおるでしょう。で、長一はもどってきてから、「おじさんのおかげで、オフィスで働いたから命拾いした」いうて。それだから、人間はの、どこでも誠心誠意やっておらんといけませんよ。

わしは沖縄県に生まれて心強く感じます。どこにいっても恥ずかしくないと思っています。一日に一〇分でも、五分でも沖縄、日本のことを忘れたことがない。……もう六三年になりますがの。

長勇さんは現在は、三男夫婦と同居しており、長勇さんの奥さんも、元気でとてもよい人であった。一〇人も子どもを産んだと笑っていた。

三角公園の老人たち

安次嶺太郎はしあわせな一生であったと言い切るであろうし、新垣喜勇も、いくつかの不幸を思い出しつつも、やはりその一生に満足だったと答えるだろうと思う。島袋長勇はまっすぐ生きるという信念のもとに生きて、それが人びとを幸福にするという確信にゆらぎがない。

けれども、客観的にいえば、移民一世の人たちは、それ以降の二世、三世、四世に比べると、あきらかに不利な環境のなかを生きてきた人たちである。しかし当時は出身地の沖縄そのものが暗かったので、かれらはそんなに悲嘆にくれていたわけではなくて、地道に人生を歩んできたのである。ただ、ここで私の聞き取りの偏りを言っておく必要がある。聞き取りのなかでも、日系人のばくち打ちや、マメヤとよばれた売春婦が、給料日近くになるとそれぞれの耕地に集まってきた。また、プロのばくち打ちに簡単にだまされるばくち好きの者たちも少なからずいた。さらにはそれほど勤勉に働かない人もいたし、たんに不幸と不運だけであった人たちもいたはずである。

私がハワイを歩きまわった一九七〇年代の末から八〇年代のはじめにかけて、一部は浮浪者にもみえる多くの年寄りたちがそこにいた。その者たちは、ホノルルのダウンタウンに、キング通りとベレタニア通りがクロスする三角形の公園があって、そこに多くたむろしていた。そこは現在、アアラ・インターナショナル・パークという立派な名前がついているが、当時の日系人たちはそこを、その形態から三角公園とよんでいた。そこにはとても多くのやや薄汚れた日系の老人たちが、木陰に座ったりしていた。私はかれらから話を聞こうとしたが、多くは手を横にふって拒絶したり、心弱い人たちはしぶしぶと私の要求に従ったが、ライフヒストリーがとれるほどの記憶がなかったのか、思い出したくないのか、結果的にここに記録として残せるものを示すことができなかった。

それから二〇年近く経過して、ふたたびその公園を訪れたときには、それらの日系老人たちの姿は、拭き取ったようにいなくなり、ただ同じ木々とベンチと緑の芝生がそのままに残っていたのを思い出す。

国家・差別、そして沖縄文化の評価へ

戦争と戦死

一世の人たちが生きた時代は、世界の国々が近代化に向けて国の体制を立て直す時期であった。表現を変えれば、それはまた国としての弱肉強食の時代でもあった。国際的にその覇を競うという現象が生じたのである。日清、日露の戦争がそうであったし、第一次、第二次の大戦もそうであった。その嵐のなかで、小さな国々は併合されていった。琉球国やハワイ国もそのような運命の下にあった。

このような国々の嵐のなかで、ひとりひとりの国民はどのように対応したらよいのであったろうか。それぞれの国は、国民への教育のなかに「国に忠」であること、「愛国の精神」を植えつけた。若者にとって、その愛国の直接的な表現とは、国の試みに参加すること、すなわち、兵隊として志願することであった。しかし、かれらひとりひとりの人間にとって、基本的な集団は家族であり、それに対置する上位の集団として国家があった。それは、内向きには家族が大切であり、外向きには国が大切という構図となる。国家と家族はその利害において対立するので、兵役につくということは、国家の利益であり、家族の悲劇となることが多かった。しかし、移民とその息子にとっては、その立場の弱さから、愛国を証明する必要にしばしば迫られたのである。

ハワイ移民一世にとっての一番つらい戦争は、第二次世界大戦であった。それは子どもたちの悲劇であったからである。米軍の日系人部隊である第一〇〇大隊と四四二連隊での悲劇として、それは立ちあらわれた。先に「仲宗根なえ」さんの話のなかで、それを説明した。二世である息子たちが志願をして、これらの部隊に入り、異常なまでの勇敢さ、つまり高い死傷者率を出してアメリカへの忠誠を示した。その勇敢さのいわばご褒美として、戦後は一世の移民たちがアメリカ国籍をとれるようになった。

これらの部隊には主としてハワイとカルフォルニアの日系人が志願をした。新里貫一の紹介によるつぎの父親にあてた手紙には、父と子という肉親の視点から、一世、二世にとっての国家というものが推察できる。

お父さん、私達兄弟がバランテヤ（志願）してまで出征することを嘲笑するものもあるでしょう。然しお父さん、私達が今アメリカ国家に殉ずることが次代の日系民族のために御役にたつことを確信しています。

弟の戦死の後の兄からの手紙。

今私は父上に法を説く訳ではありませんが、私の胸の中には、一言申し上げておきたいことがあります。ほかでもない、志願兵たりし彼（弟）が身命をとして国恩に報いたことは、決していたづらなことでないこと、我々の過去にさまざまなこと（不愉快）ありしといえども、転戦、また転戦中、負いし職務を履行し、義務を完遂したことは意義深いことであると確信します。さらに我が祖国〔アメリカ合衆国〕は実に偉大な国家であるとの感を深くいたしました。硝煙けむる戦陣で、寸暇を利用してここまで筆をはこばせましたが、敵弾しきりにとびきたり、危険せまり、さんごうにとびこむのよぎなきにいたりました。（中略）父上には、いたづらにひたんにくれることなく、静に彼のめいふくを祈り、一意老後を養はるるよう、くれぐれも祈つて止みません。終りに、みなさまによろしくお伝えください。（私家版『日系市民の光栄』）

なお、かれ（兄）自身もその後、戦死をした。

ホノルルの大きな墓地、パンチボールには戦争の犠牲者たちが眠っている。一九八〇年のころには、そこを訪れると、親である日系一世の老人たちの姿が見られた。日傘を差して、息子の墓のまえで座り込んでいる人たちもいた。この息子の犠牲のうえに、親がアメリカ国籍を得ることができるようになったのである。

国籍の取得

永山盛珍は言う。

「第二次大戦になって、第一〇〇大隊や四四二連隊がヨーロッパに行って働いたもんだから、〔戦後になって〕これはもう〔日本人に〕市民権（アメリカ国籍）をやらなくちゃいかんということで法律をつくってですね。日本人も簡単な試験を受けると市民権をもらえるようになった。それは戦争がすんで一〇年ぐらいしてからですね。一九五五年からです。ワシは一九六〇年に市民権をとった」。

ところがこの国籍の問題は、自分のよって立つ精神上の基盤の問題でもあったから、「自分の生国をすてるのは非国民」という発想をもっていた人がいないわけではなかった。それはハワイでもみられた。永山盛珍の話はつづく。

それでも日本人（大和人）のなかにはこの試験を受けない人もいるんですよ。沖縄人は市民権をとらなかった者は少ないですね。いまだに大和人の方《かた》は、「わしは日本人だ」言うてですね、こういう頭の固い者で（市民権を）とらんのがおるんですよ。
A（実名をあげることを控える）と言ってですね、「明治会」の会長などをしておるんですよ。明治生まれの人が集まっているから明治会といいます。この人たちは日本に帰ったら（訪問したら）、有栖川宮にご面会するとか、皇室のところに行くんですね。皇室のところによく行くのでみんなが、Aをリーバー天皇とよんでいました。リーバーシティに住んでいたから。戦前のことですが、この人たちは日本から練習艦隊がくると歓迎なんかをしていました。まっさきに行って迎えるのです。天長節なんかも熱心にしていました［ただし、日本の必勝を信じた「勝った組」の会員に沖縄出身者が多かったので、その点はこの話と少なくとも表面的には矛盾する］。

移民してきた日本人たちは日本のナショナリズムの高揚期の教育を受けてきた人たちで、それを純粋にハワイで実行していた。そのため、息子たち二世との国家に対する価値観の断絶がしばしばみられ、息子たちの生命を賭しての努力を率直に受け取れない者たちがとりわけ内地の人たちに多くいた。沖縄県でも日本への愛国教育がおこなわれていたが、一世のほとんどの学歴が尋常小学校まであったし、それも十分に受けていない者たちが少なくなかった。その結果、教育効果としても、内地人と沖縄県人との間では差が出ていたであろうし、親や近隣から得る社会的な教育は、沖縄の価値観と伝統をふまえたものとなっていたろう。

この差異は、一九四四年に、敵国であったアメリカ合衆国海軍省が刊行した「部外秘」資料に的確に把握されている。

民族的立場

日本人と琉球人（沖縄人）とのあいだの、たいへん近い民族的関係や、言語の類似性にもかかわらず、琉球人は日本人からは民族的に平等だとはみなされていない。日本人は、琉球人たち特有の粗野なふるまいから、かれらを、いわば田舎から出てきた貧乏な親戚みたいなものだと見下し、いろんなところでかれらを差別してきた。ところが一方、琉球人の方は、自分たちが劣っているとは全然感じておらず、自分たち自身の伝統や、中国との長期にわたる文化的紐帯に誇りをもっている。そのため、このような琉球人と日本人との間の動かしがたい関係は、潜在的に不和の種をはらんでおり、そこから政争の具とするものをつくりだすことができるかもしれない。ほとんどたしかなことは、この琉球においては、軍国主義や狂信的な愛国心は、たとえあったとしても、それが大きくなるとはとても思えないことである（鳥越訳)。

(『沖縄県史資料編I　CIVIL AFFAIRS HANDBOOK』)

「政争の具とするものをつくりだすことができるかもしれない」という見解は、敵国として当然な見方であるが、もうひとつ「琉球人は、特有の粗野なふるまいから」というあまり楽しくない表現がある。しかし、じつは、この粗野であったことは認めなければならない側面がある。これについてはいくつかのデータがあるが、以下のものもそのひとつである。ハワイタイムズの編集長の豊平良金さんが、「いつも恥しい思いをしたのは、沖縄県人の間で飲酒による喧嘩や殺傷沙汰が多いこと、また当時米国の禁酒法時代でしたが、酒の密醸、密売も沖縄県人が多かった。当時日本人間にはまだ犯罪者が少なく、遵法国民として各国人から称揚され、日本人社会はそれを誇りとしていた時だから、沖縄人から密醸犯罪者が続出することを苦々しく思われ、犯罪民族の悪いイメージを皆に与えた」(Hawaii Pacific Press、September 1, 1980) という指摘もそのひとつである。沖縄県人側にも侮蔑を受ける側面もあったことは認めておかなければならないだろう。

しかし、ともあれこの種の差異があったのは事実であり、それが戦後のハワイにおけるアメリカ市民権の獲得の姿勢にもでてきたのである。

ただ、戦時中は、日本人たちは、アメリカ人だけでなく、民族的に下にみていたフィリピン人から脅しを受けたりしたので、大和人と沖縄人が一体となって日本人として固まる傾向が強まった。最後にやってきたフィリピン人たちは、ハワイでは社会・経済的に日本人よりも民族的には下にいたが、第二次大戦中は、フィリピン国がアメリカ合衆国と同盟を結んでいたので、民族間の力関係が一時的に逆転したのである。

もともとハワイはハワイ国がアメリカ合衆国に併合された経緯があり、そのため、ハワイの白人たちもアメリカ合衆国の本土からは差別の目でみられ、ハワイのなかでは、日本人は白人から差別の目を向けられ、そのまた日本人（大和人）は、沖縄県人や、朝鮮人移民、中国移民に対して差別の目を向けたのである。

第二次大戦時には沖縄県人のうちには「ミー、ノット、ジャパニーズ、ミー、オキナワン」と言って迫害を逃れようとした人がいたことをハワイ在住の移民研究家の大久保清（一九〇五年生まれ）が私に口頭で教えてくれた。沖縄県人自身は差別意識が弱く、また、おそらく日本への帰属意識が少し弱かった人たちもいたのではないかと推測する。それが一部の人たちにこのような態度の差となってあらわれたのではないだろうか。

差別とその消滅

大和人と沖縄人とは、日本国に対する気持ちが同じようであって、微妙に異なる。「わしらは（沖縄の）学校でも、「もう日本人」「ぼくは同じ」と習っておった」（島袋長勇）ことは事実である。けれども、ハワイにおいては、大和人がまったく同じように沖縄人をあつかっていたわけではない。

「沖縄ケンケン豚カウカウ」（ケンは県、カウカウはハワイ語で食べるという意味だが、これを飼うと解した人もいた）と、沖縄県人は〔大和人に〕バカにされてきました。と川上善子はいう。たしかに私のフィールド・ノートにも内地の日本人からの聞き取りのなかにつぎのようなことばがある。「沖縄の人は汚いこともできたし、養豚の経験もあって、養豚業ができる」と。

右にあげた島袋長勇さんは戦後にプランテーションを出て、ホノルルの郊外で養豚業をしていた。また、パールハーバーの二万人の兵士が出す残飯類をあつめていたのも沖縄県人の養豚業者、徳田三吉さんたちであった。たとえば飲食店の多いホノルルの市街地では、朝九時までにこの残飯の収集を終えていなければならなかった。この豚のエサはいわば有機のゴミで、いまでいえばリサイクルとして評価されるけれども、当時は、悪臭がする汚い仕事とみなされていたのである。もっとも、ホノルル市の一九四〇年時点での養豚業者を数えてみると、沖縄県人一七三人、他県人一七四人（『布哇報知』）であって、実際は、沖縄県人は思ったより少なく、半分であった。イメージとしてそうだったのであろう。

浦崎政平（一九〇八年生まれ）はいう。

悪くいってはいけんが、学問のある人が沖縄を軽蔑したかというと、そうではない。学問のない人に限って、沖縄を軽蔑した。

わしら沖縄県人がこちらに来て、「鼻を高くしてよいな」と思うたのは、賀川豊彦先生の話から。あの人がヒロ（ハワイ島）の大和座で話されたことがある。人類のこと。歴史のこと。日本の歴史はふたつある。「現代の歴史」（国が作為的につくった歴史）と「本当の歴史」。〔本当の歴史で言うと〕、もしずっと大昔の姿をみたいなら、沖縄へ行け、と言われた。沖縄の言葉にはむかしの日本語があるんだと。沖縄が大事ゾ、と言われた。それからみんなが〔沖縄を〕見直した。それまでは、みんなは沖縄を外国ぐらいに思っておったの。それまでは、沖縄を日本と思っておらなんだ。沖縄の言葉がわかりにくいといっても、それは他府県人はお互いに同じで、みんなが自分の県の田舎の言葉を使ったとしたら、だれもわからん。それは普通語〔標準語〕ではないんだから。この講演でみんなが沖縄を見直してから、よくなった（この賀川の主張は伊波普猷の主張と類似しているので、おそらく伊波の論文から賀川は学んだものと思われる）。

差別は沖縄県人自身が言うような、言葉が通じないからというのではない。それよりも、無学であるからだと浦崎は言っているのである。浦崎の指摘のように、日系人は二世以降は学校に行くようになり、差別は急速に消滅していく。一九八〇年代にはまだ少し残っていたが、その消滅の速度は速く、現在では沖縄県は固有の文化をもっている県という意味での肯定的評価へと変わっている。

その具体的あらわれは、先ほどもふれたように、第二次大戦中は、他の国籍の者たちから内地の人も沖縄県人も同じ日本人として、警戒と差別の対象となったので、両者は一団として固まる傾向が生じていた。さらにそれは、戦後につぎのような目に見える形であらわれた。一九六三年には仲嶺真助がハワイ日系人連合会会長に選出された。それまでは広島県人が会長になることが多かった。日系人移民のトップに立ったわけだから、これは画期的なことである。また、一九六五年に沖縄県人がはじめて「ホノルル日本人商工会議所」の副会頭になる。

すでに指摘したように、この沖縄人差別の根源は、日本人が中国人や朝鮮人を、やはりこのハワイでも差別したように、それは敗北した国家の民への侮蔑であった。ハワイ人への侮蔑もおそらくそうであろう。しかし、そのような侮蔑がなんの意味もないことをほと

表　民族別の平均年収（1910年）

	家族員数	家族収入			
		家族員総計	夫で働く者	妻で働く者	子供で働く者
白　人	4.8	1,068,54（$）	92.07（%）	—（%）	6.02（%）
中国人	5.8	607,41	79.72	1.0	7.29
ハワイ人	4.3	927,74	83.54	0.4	10.19
日本人	3.7	425,05	80.23	11.2	4.79
ポルトガル人	5.5	793,53	67.62	2.2	15.96
平　均	4.8	807,61	78.03	1.5	11.47

（出典）Forth Report of the Commissioner of Labor on Hawaii 1910.
（注）白人という分類は，現在の分類としては不自然だが，当時のハワイでは白人（haole）はひとつのカテゴリーであった．主としてアメリカ人．ポルトガル人は日本人と異なり，永住志向で家族とともに移住してきている．聞き取りによると，1910年代で，ハワイ島のプランテーションでは，一日の収入は成人男子が1ドル，女子が75セント，子供が65セントであった．

んどの人たちが知る時代に入った。

ところで、このように沖縄県人の話に耳を傾けていると、すべての日本人から沖縄県人は差別を受けたという印象を与えるかも知れない。じつは差別をしない多くの内地の日本人がいて、そのうちのたまたま「学問のない人」が、あるときにとんでもない差別的発言をして、その沖縄県人の心を傷つけ、それが強い記憶として残るので、話として出てくるのである。それは白人のアジア人種に対する差別も同じで、全員が差別をしていたわけではない。とくにプランテーションでは、「ポルギーのルナ」が悪者の典型のように描かれてきたので、つぎに少年の目からみた、ポルギーのルナの姿を示しておこう。かれらポルトガル人も大航海時代が終わった後の、ポルトガルおよびアフリカに近いポルトガル領の衰退によって、追われるようにしてやってきた貧しい農民家族であったのである。ただ、日本人たちよりもはやくハワイに移民をして来ていたので、表に示すように、日本人よりも高い収入を得る社会的位置にいた。

ポルギーのルナの親切

いままでの移民たちの話を聞いていると、ポルギーのルナは、「ゴーへ！」、「ゴーへ！」と移民たちの後ろから叫んで、キビを刈りつづける移民労働者たちの列を少しでも前に進めさせようとする過酷な外国人の現場監督のイメージである。けれども、一四歳に父の呼び寄せでハワイに来た大城徳助（一九〇一年生まれ）はポルギーのルナに別の気持ちをもっている。

ハワイに来たばかりの頃はさびしくて、この海を渡れば沖縄に帰れると思ってばかりいた。わしの家の隣にポルギーでルナをしている人がいてネ、その人がたいへん親切な人でネ。わしの親たちが他所に行っておらんときに、ポルギーの家に遊びに行くと、なにを言うかと思うたら、「ユー、さびしいじゃろうケー、蓄音機を聴かせてやろう」と言ったようなんよ。ただ、言葉は分からんで、「ミャオ、ミャオ」とかなんとか言っていて、猫のことなんかなと思って、なんでもいい、オーライと言ったら、蓄音機をもってきてくれた。

それからしばらくして夏休みの頃の話。大人たちは弁当とお茶の入ったビンをもって仕事に出かける。そして、それを使い終わると、帰るときにそれを持って帰りやすいように、畑の外側の道にそれを置いておく。その道ばたに置いてあるビンを並べて、ボーイたちと、石で的打ちをして、みんな割ってしまった。明くる朝、みんなが怒っているのね。ルナが来て、一緒に的打ちをやった自分のポルギーの子の尻を叩くのね、ワシも友だちも叩かれるかと思うが、叩かれなんだ。ワシがボーイたちに的打ちをさせたんですがネ。あれが叩かれて、ワシが叩かれなんだので、気の毒でした。この人のおかげで、ボーイの番号からおなごの番号（成人男子に準じる給与基準）になって、ワタ・ボーイ（水やりの仕事）で一日に二五センであったのが五〇センになった。

おなじように少年のころの経験をはなしてくれた浦崎政平はつぎのように言っていた。

「仕事を終えると疲れ果てて、グタッとした。月夜の晩などは、日本が恋しくて、涙が出よった。さびしくて、月が山にみえる姿は、本当にさびしい感じがしましたよ。自分の国じゃない、異国に来ておるんでしょうが」。この異国にいるというのが、一世たちの共通した気持ちであった。「異国の空」という言い方をした一世移民もいた。「異国」にいるということが、かれらに国家というものをいつも意識させたといえる。

異国の空

琉球国の滅亡をひとつの有力な契機としてはじまった沖縄ハワイ移民。それは沖縄の「学問のある」人たちが、民権運動の最後の選択として勝ち取った方針であり、それを沖縄の無給士族や農民たちは享受をした。しかし、すでに指摘したように、この民権運動は自由民権運動という自由を求める政治的な運動というよりも、どちらかというと貧困にあえぐ無給士族や農民の救済という経済運動として展開された。経済的に救われればよいというこの方針のために、移民たちには政治的なスローガンが与えられることはなかった。

移民たちは、自分たちの沖縄の字や近親から習得した規範や価値観、すなわち郷土沖縄の沖縄精神、それと尋常小学校教育で受けた日本に対する愛国精神をないまぜにしながら、それぞれが自分たちの社会的価値観を形成した。そこには自由民権運動がとなえた「自由」という価値観はまったくない。ただ、このないまぜの仕方によって、「沖縄」にとても強く傾く人たちと、「日本」に傾く人たちとの幅ができた。

この幅をつくらせた最大の要因は、被差別であったと推察される。日本の内地の人たちから差別的言辞を受けることで、過激に「沖縄」に傾く人がいたり、そのような差別をする人たちの貧困な精神を見抜いた人は、日本内部で沖縄人と大和人とを区別するばからしさを理解して、「日本」という単位で自分を位置づけたりした。

第二次大戦後の、かれらの出身地・沖縄の窮状は、惨憺たるものがあった。戦勝国・アメリカ合衆国のハワイ州から沖縄出身者を中心にして、衣服の送付をはじめとして、さまざまな物資が沖縄に送られることになった。「沖縄救済衣服収集実行委員会」は一五〇トンの衣服を集めた。「ハワイ連合沖縄救済会」は調達した四万七〇〇〇ドルを使って、アメリカ大陸で購入した豚を五五〇匹送った。やがてこれらいくつかのボランティア的組織が統合され、一九五一年に「ハワイ沖縄人連合会」という強力な沖縄県人の組織がつくられたのである。

沖縄ハワイ移民がはじまってわずか半世紀ほど後に、ハワイ移民から経済的援助を受けるというこのような逆転現象が生じるとは、移民実現に奔走した当山久三でさえも思い至らなかったことであろう。

そしてそれに加えて、ハワイ沖縄人さえも思い至らなかったあたらしい現象も生じたのである。戦後になってくると、年齢的にみて、二世が社会の表舞台に出、一世は引退に近い年齢になりつつあった。二世はアメリカで教育を受けていて、アメリカが祖国であった。そのため沖縄のことをそれまではさほど真剣に考えていなかった。しかしながら、祖先の出身地である沖縄の惨状に対するさまざまな援助活動は、二世の沖縄への関心をとても強めることになった。また、援助活動に必要な日本語、とりわけ沖縄口（沖縄語）を流暢に話せる一世のコミュニケーション能力が再認識されることとなった。このようなことによって、しばしば生じていた一世と二世の価値観の対立が融和へと結びつくことになったのである。

それ以降、沖縄文化についてのさまざまなイベントが二世や三世の積極的協力のもとに展開されることになっていくのである。一九五〇年代に入ると、琉球舞踊や琉球音楽が目にみえてさかんになった。一九八一年には、ジョージ有吉・ハワイ州知事が「沖縄文化週間」を制定すると宣言するほどに沖縄文化の評価が高まった。

ただ、この沖縄文化への評価と関心のたかまりは、ハワイ沖縄移民や二世、三世の努力の結果であると言い切ることはできない。その努力は否定できないとしても、沖縄への関心の高まりは、沖縄県自体でもおこったし、ハワイ以外でも生じた。また、それはアイヌ文化においてもみられた。すなわち、これは個別文化への関心の高まりという、社会科学者が「第二の近代化」とよぶ新しい考え方が、時代的におこりはじめたと言った方が正確であろう。このような個別性への高まりは、原理的には国家というものを相対化する。ときには依存したものの、移民たちをしばしば苦しめた「国家」というものが、私たちの暮らしのなかにおいて、やや後方に退く時代が少しずつ顔を出しはじめていると言えばよいだろう。この傾向は二一世紀に入るといっそう顕著になってきた。しかし、そのことは国家が消滅の方向に向かっていることを意味するわけではない。国家は国民にたいして「愛国」を要求しつづけるであろうし、国家は時代に合わせた形で変形をし、将来にいたって、意外なことを国民に要求することもないわけではない。

できるだけ客観的にまとめれば以上のようなことであろう。だが、そのようなことを超えて、滅んだとはいえ、やはりひとつの国家を形成してきた国民の末裔として、「沖縄」あるいは「琉球」というものが「しこり」として、沖縄人のなかにあることを、多くの移民一世の聞き取りから私は感じた。この「しこり」は、沖縄文化という「個別文化を大切にしましょう」という最近の傾向とは似ていて異なるものである。「異国の空」の下にいる移民だから、それがとくに強く感じられたのかもしれない。この一世の「しこり」のことについてうまく述べることはむずかしいが、「ハワイから沖縄世を願って――エピローグ」で改めて考えてみることにしよう。

ハワイから「沖縄世」を願って――エピローグ

「沖縄世」への希望

私は小禄出身の川上善子からも話を聞き取っている。彼女は事情があって、首里でおじいさんとおばあさんに育てられた。一九〇〇年を少しすぎた頃のことであろうが、おじいさんとおばあさんは、いわゆる遊里であった辻の入り口で質屋をしていた。この質屋のもとに、東京にいる大学生の息子から「金送れ」と電報がくるたびに、自分の着物をあずけに来る母親がいた。この母親が着物をもってやってくると、彼女のおじいさんとおばあさんは、断ることを絶対にしなかったという。事情を知っていたからであろう。当時は大学生というとたいへんなエリートで、それをみんなで支えなければという気持ちがあったのかもしれない。その大学生の息子は伊波普猷《いはふゆう》と

図17　川上善子

いい、かれは後年、卓越した沖縄学者となった。伊波普猷が「裕福な家でなに不自由なくすごした」という一般的理解とは少し異なるエピソードである。

ともあれ、一九七九年に彼女が語ってくれたライフヒストリーを三十数年ぶりに改めて聞きなおし、そのテープの最後のところで、私は彼女からとても重い宿題をあたえられていたことに、はじめて気がついた。彼女はつぎのように言っていたのである。

唐の世《ゆ》から、大和の世、大和の世から、アメリカ世、アメリカ世から、また大和の世。……シー（see：分かる）？　沖縄《うちなー》世《ゆ》にはならんではありませんか。今度は、あなたが沖縄世にすると思うよ、わたし。沖縄世にはならんではありませんか。かわいそうよ、沖縄の人、一遍じゃありませんよ、何遍も〔外国に〕やられているよ。あなたが沖縄世にすると思うよ。

これは伊波普猷の「多元的自治」（比屋根照夫）の国家構想とも連動するものである。そこには政治的自治だけでなく、個性をもった文化的自治も構想されている。しかし伊波と異なり、この重い宿題を、なんらの能力も政治力もない私が担えるはずはない。ただ、ここで自分なりの小さな発言をしておこうと思う。

沖縄の現状と未来像

現在の沖縄は「軍事植民地」であるというダグラス・ラミスの指摘が、私にはもっともすんなりと理解できるものである。この植民地の本部にあたる基地には、民主主義がないので、アメリカ兵には選挙運動への参加は禁止され、仕事がイヤになって辞めたら「脱走」になる。そしてふつうの植民地と異なって、ここでは生産労働がない。この生産労働をしない人たちが基地の外で事件を起こしても「日米地位協定」で守られるルールになっている。このような不自然な「軍事基地」が沖縄県内のよい土地をかなり広大に占拠している。それでは沖縄県が独自性をもって経済的に発展するのはむずかしい。

こういう状況に対し、ひとつは「沖縄独立論」がある。これはわかりやすい論理ではある。もう一度、琉球国を再建しようというのである。松島泰勝はいう。一八七九年に琉球国が軍事力によって日本に併合されて以来、「琉球の自治・自決・独立問題は未精算のままでである」。琉球と日本は「同格の地位にある存在として仕切り直す必要がある」。

また、もうひとつの考え方として、「道州制論」がある。それは沖縄に強い地方分権の制度をつくる考え方である。現在、沖縄の経済は基地関係からの財政的受理が五％前後に縮小し、基地依存の実態はなくなりつつある。しかし他方、本土復帰を境として、中央政府への財政的依存がとても高くなった。その多くは公共事業による支出となっている。すなわち「戦後二七年間は主として米国の援助を受け、復帰後の三七年間は日本政府の援助を受けて成り立つ経済構造になってしまった」し、「他力本願的経営者が増えたのは事実であろう」。それに抗するには、「自らの地域を自らの知恵で発展させるという気概を持つ首長がいて、強力に動く職員がいる自治体の集合体としての沖縄州なら、存続は可能となろう」（「依存体質から地方分権・道州制を考える」）。この道州制論は独立論よりも実現性の高い論理である。実際には道州制という形式にこだわらない「地域自治制」的な幅をもって考えれば、これは時代の流れとしてとても受け入れやすいものであるし、事実、内地の地方自治体も、その方向を模索しつつある。

礎石としての「沖縄世」

私の考える「沖縄世」というのは、これら政治制度論の底に据えるべき「しこり」である。独立論や道州制論の底に「沖縄世」がなければ意味がないという立場である。「しこり」というのは一種の文化であり、それは伝統を根《に》（はじまり）としている。少しわかりにくい表現をしてしまうが、それは「沖縄の意志」ともいえる「沖縄についての世界観」のことである。このようなわかりにくい言葉を使ったのは、「沖縄世」は長い過去を背負ってそれを大切にしているが、また現在・未来の文化をも含むものでなければならないと考えるからである。

石牟礼道子がつぎのように言っている。

沖縄の言葉は美しいし、歌もすばらしい。内地のお祭りとは違いますね。人が、神さまと一体になりなさる。下手に文明化されていない沖縄の島々には、今でも文化の豊かさが残っていると思います。つまらなくなっていく日本に属しているよりも、独立なさった方がよかですよね。沖縄の方々は、独立しうる精神性を持っていらっしゃると思います。

（『週刊金曜日』九〇〇号）

ここで石牟礼が言っていることは、文化・伝統を基礎においた独立のすすめである。いずれにせよ、いま沖縄は長期プランを必要としている。どのような発展が望ましいかをみんなで考える時期にきている。沖縄の制度設計が待ち望まれているのである。

そのためには「沖縄世」が礎石であり、それはつねに守りきらねばならない拠点であるという自覚が不可欠であろう。そのうえでの政治戦略が時代と格闘しながら立てられることになるのではないか。私は「沖縄世」をこのように政治論とは区別した考え方として位置づけたい。でないと、かなり独立性の高い地域自治が実現したとしても、魂のない仏をつくってしまうことになりかねないからである。沖縄県の居住者のみならず、沖縄移民の人たちが共通に保持してきた精神が消えてしまうのは重大な損失である。ここでいう「沖縄世」はひとりひとりの頭の中に存在するものであり、自分の頭の中で発展させるものである。それがどのように発展していくのかは想像してみて楽しいものである。

このように言ってしまうと、私は「沖縄世」という意味を川上善子とは異なった使い方をしたことになる。彼女の「沖縄世」は政治的独立のニュアンスがかなり強いからである。けれども私は「沖縄世」をもっと基本的な価値観としてとらえる方がよいと思うし、移民の人たちの「しこり」は自分の存在根拠というような価値観にかかわるものであったのではないだろうか。

「沖縄世」の実現を願った川上善子は、別れ際につぎのようなことを言った。夫が亡くなり、財産わけをして、すこしだけお金がある。それを使い終わったら子どものお金を欲しいと言わないで、自分はヌアヌ・パリに行って谷底に落ちて死ぬつもりであると。自分は自分の一生の生き方がそうであったように、死ぬときもきっぱりとしたいと。ヌアヌ・パリとはホノルルの山の方の深い谷のあるところである。彼女は話をつづけた。そう考えていたが、よくよく考えると、ヌアヌ・パリに行くバスがないので、タクシーで行かないといけない。自分が死ぬとタクシーの運転手に心配と迷惑をかける。そこでヌアヌ・パリをずっと降って行くと、海に出るところに桟橋がある。その桟橋から「ポコンと落ちて死ぬつもりである」と。ただ、政府が年金を少しずつ増やしているので、もしかしたら年金で生きていけるかも知れない、とも言って唇の両端で笑った。

川上善子が生きていたら、現在、一一三歳となるから、生存していることはあり得ないだろう。ヌアヌ・パリの下の海にポコンと落ちて死なないで、その後、アメリカ政府の年金が増えて、子どもたちに見守られながらベッドの上で亡くなったと信じたい。

あとがき

ここ数年、沖縄について自分なりの考えを深めたいと思っていた。沖縄に愛着があったからだし、一層の勉強もしてみたいと願っていたからである。その点、書物を書くということは、とてもよい勉強になる。できるだけ正確に、また客観的に理解する必要があるからだ。

琉球国の歴史を改めて勉強してみて、とても多くのことを学んだ。もちろん各時代の史料からも学んだが、多くの研究者のさまざまな成果から教えていただくことも少なくなかった。ただ、この本の属するシリーズの性格上、学んだすべての研究の出典を厳密に示すことができなかった。そのために、礼を失しているようにも思っているが、お許しいただきたい。

沖縄ハワイ移民については、私は一九八〇年代にすでに一書を出しており、残ったデータは書斎の隅にうち捨てられていた。ところが、移民研究をされている同僚の森本豊富さんと国立国語研究所の朝日祥之さんが私の研究室に来られて、私が当時集めた資料がとても貴重なものになっていることを教えてくださった。古くなったというだけで値打ちが出てきたのである。それなら、聞き取りをした本人が資料を整理しないといけないと痛感して、改めてハワイ移民についてまとめることを考えた。お二人からの刺激を得て、この本はできあがったのである。また、吉川弘文館の石津輝真さんの行き届いた編集力にも助けられた。ここにお礼をのべておきたい。

二〇一三年八月

鳥越皓之

参考文献

赤嶺政信『沖縄の神と食の文化』青春出版社、二〇〇三年
赤嶺　守『琉球王国』講談社、二〇〇四年
安里　進『グスク・共同体・村』榕樹書院、一九九八年
安里　進「琉球王国の形成と東アジア」豊見山和行編『琉球・沖縄史の世界』吉川弘文館、二〇〇三年
安里　進『琉球の王権とグスク』山川出版社、二〇〇六年
新川　明『琉球処分以後』朝日新聞社、一九八一年
伊佐眞一編・解説『謝花昇集』みすず書房、一九九八年
石川友紀「海洋民・移民としての沖縄県民」サンゴ礁地域研究グループ編『熱い心の島　サンゴ礁の風土誌』古今書院、一九九二年
石川友紀『日本移民の地理学的研究』榕樹書林、一九九七年
石牟礼道子『週刊金曜日』九〇〇号（六月二二日）、インタビュー、二〇一二年
伊波普猷『古流球』岩波文庫、二〇〇〇年（初版は一九一一〈明治四四〉年）
大久保源一編『布哇に於ける賀川豊彦氏講演』ヒロ、エスの僕会、布哇島ヒロ市、一九三五年
大里康永『沖縄の自由民権運動』太平出版社、一九六九年
太田昌秀『近代沖縄の政治構造』勁草書房、一九七二年

沖縄大学地域研究所編『薩摩藩の奄美琉球侵攻四百年再考』芙蓉書房出版、二〇一一年
小田静夫「琉球弧の考古学」『地域の多様性と考古学』、雄山閣、二〇〇七年
小野中町「依存体質から地方分権・道州制を考える」『第三回　沖縄・提案——百選事業』沖縄県対米請求権事業協会、二〇一〇年
我部政男『近代日本と沖縄』三一書房、一九八一年
紙屋敦之『琉球と日本・中国』山川出版社、二〇〇三年
喜舎場一隆『近世薩琉関係史の研究』国書刊行会、一九九三年
喜納昌吉『沖縄の自己決定権』未来社、二〇一〇年
球陽研究会編『球陽』角川書店、一九七四年
金城　功「移民の社会的背景」『沖縄県史』第七巻、沖縄県教育委員会、一九七四年
金城正篤他『沖縄県の百年』山川出版社、二〇〇五年
崎原　貢「沖縄県人ハワイ移民史」Hawaii Pacific Press、September 1, 1980
ジャレド・ダイヤモンド『銃・病原菌・鉄』上、草思社、二〇〇〇年
首里王府編著、諸見友重訳注『中山世鑑』、榕樹書林、二〇一一年
尚順他「御恩賜金下賜の再詮議依頼：沖縄県知事奈良原繁宛」早稲田大学図書館・貴重書庫所収、一八九九年
新里恵二・田港朝昭・金城正篤『沖縄県の歴史』山川出版社、一九七二年
曾煥棋「明清時代中国に朝貢する琉球国に対する薩摩藩の姿勢と態度」『南島史学』六九号、二〇〇

七年
高良倉吉『琉球の時代』ちくま学芸文庫、筑摩書房、二〇一二年
高良良吉『琉球王国』岩波新書、一九九三年
高良倉吉『アジアのなかの琉球王国』吉川弘文館、一九九八年
ダグラス・ラミス『要石：沖縄と憲法9条』晶文社、二〇一〇年
武光　誠『琉球王国の謎』青春出版社、二〇〇一年
嵩元政秀「グスクについて」『南島史論』二、一九七八年
田港朝昭「近世末期の沖縄農村についての一考察」『琉球大学教育学部紀要』八号、一九六五年
童門冬二『上杉茂憲』祥伝社、二〇一一年
豊見山和行編『琉球・沖縄史の世界』吉川弘文館、二〇〇三年
鳥越憲三郎『おもろさうし全釈』清文堂出版、一九六八年
鳥越憲三郎『詩歌の起源――琉球おもろの研究』角川書店、一九七八年
新里貫一『日系市民の光栄』発行者新里貫一、ロスアンジェルス、一九五〇年
原田禹雄訳注『蔡鐸本　中山世譜』、榕樹書林、一九九八年
早川鷗々『布哇歳事記』発行所不明、ホノルル、一九一三年
比嘉政夫『沖縄を識る』歴博ブックレット、一九九八年
比屋根照夫『近代沖縄の精神史』社会評論社、一九九六年
藤田貞一郎「徳川時代の三尾村――アメリカ村の前史」安藤精一編『和歌山の研究』第三巻、清文堂出

版、一九七八年
外間守善『沖縄の歴史と文化』中公新書、一九八六年
外間守善・西郷信綱校注『おもろさうし』岩波書店、一九七二年
外間守善校注『おもろさうし』上下、岩波書店（文庫）、二〇〇〇年
松田道之『琉球処分』明治文化資料叢書刊行会編『明治文化資料叢書』一二巻、風間書房、一九六二年
松島泰勝『琉球独立への道』法律文化社、二〇一二年
三島　格『南島考古学』第一書房、一九八九年
山里慈海『ハワイ沖縄ノート』慈光園（ホノルル市ホフテリング街）発行、一九六三年
湧川清栄『沖縄民権の挫折と展開』太平出版社、
米　山子『琉球奇譚』『江戸期琉球物資料集覧』第二巻所収、本邦書籍、一九八一年
和田久徳『琉球王国の形成』榕樹書林、二〇〇六年
和田久徳他『「明実録」の琉球史料』沖縄県文化振興会公文書管理部史料編集室、二〇〇六年
Mitsugu Sakiyama Hawaii's Okinawan Community, East-West Photo Journal, May 1980.
『沖縄県史』（資料編一　CIVIL AFFAIRS HANDBOOK　沖縄戦1　原文編）、沖縄県教育委員会、一九九五年
『沖縄県史』（資料編一〇、考古一、遺跡総覧、先史時代）、沖縄県教育委員会、二〇〇〇年
『沖縄県史』（各論編二、考古）、沖縄県教育委員会、二〇〇三年

『沖縄県史』（各論編五、近代）、沖縄県教育委員会、二〇一一年
『布哇報知』「布哇日本人実業紹介号」布哇報知社、一九四〇年
蔡温本『中山世譜』 http://www.tulips.tsukuba.ac.jp/limedio/dlam/B1241188/1/vol05/3501.txt

著者紹介

一九四四年、沖縄県生まれ

一九七五年、東京教育大学大学院文学研究科博士課程単位取得退学

関西学院大学教授、筑波大学教授を経て、現在、早稲田大学人間科学学術院教授

主要著書

『沖縄ハワイ移民一世の記録』(中央公論社、一九八八年)

『柳田民俗学のフィロソフィー』(東京大学出版会、二〇〇二年)

『花をたずねて吉野山―その歴史とエコロジー―』(集英社、二〇〇三年)

『水と日本人』(岩波書店、二〇一二年)

歴史文化ライブラリー
369

琉球国の滅亡とハワイ移民

二〇一三年(平成二十五)十一月一日 第一刷発行

著者 鳥《とり》越《ごえ》皓《ひろ》之《ゆき》

発行者 前田求恭

発行所 株式会社 吉川弘文館

東京都文京区本郷七丁目二番八号
郵便番号一一三―〇〇三三
電話〇三―三八一三―九一五一〈代表〉
振替口座〇〇一〇〇―五―二四四
http://www.yoshikawa-k.co.jp/

印刷=株式会社 平文社
製本=ナショナル製本協同組合
装幀=清水良洋・樋口佳乃

ISBN978-4-642-05769-1

歴史文化ライブラリー

1996.10

刊行のことば

現今の日本および国際社会は、さまざまな面で大変動の時代を迎えておりますが、近づきつつある二十一世紀は人類史の到達点として、物質的な繁栄のみならず文化や自然・社会環境を謳歌できる平和な社会でなければなりません。しかしながら高度成長・技術革新にともなう急激な変貌は「自己本位な刹那主義」の風潮を生みだし、先人が築いてきた歴史や文化に学ぶ余裕もなく、いまだ明るい人類の将来が展望できていないようにも見えます。このような状況を踏まえ、よりよい二十一世紀社会を築くために、人類誕生から現在に至る「人類の遺産・教訓」としてのあらゆる分野の歴史と文化を「歴史文化ライブラリー」として刊行することといたしました。

小社は、安政四年（一八五七）の創業以来、一貫して歴史学を中心とした専門出版社として書籍を刊行しつづけてまいりました。その経験を生かし、学問成果にもとづいた本叢書を刊行し社会的要請に応えて行きたいと考えております。

現代は、マスメディアが発達した高度情報化社会といわれますが、私どもはあくまでも活字を主体とした出版こそ、ものの本質を考える基礎と信じ、本叢書をとおして社会に訴えてまいりたいと思います。これから生まれでる一冊一冊が、それぞれの読者を知的冒険の旅へと誘い、希望に満ちた人類の未来を構築する糧となれば幸いです。

吉川弘文館

歴史文化ライブラリー

歴史文化ライブラリー

飛鳥の宮と藤原京 よみがえる古代王宮——林部 均
古代出雲——前田晴人
エミシ・エゾからアイヌへ——児島恭子
古代の蝦夷《えみし》と城柵《じょうさく》——熊谷公男
悲運の遣唐僧 円載の数奇な生涯——佐伯有清
遣唐使の見た中国——古瀬奈津子
古代の皇位継承 天武系皇統は実在したか——遠山美都男
持統女帝と皇位継承——倉本一宏
古代天皇家の婚姻戦略——荒木敏夫
高松塚・キトラ古墳の謎——山本忠尚
壬申の乱を読み解く——早川万年
家族の古代史 恋愛・結婚・子育て——梅村恵子
万葉集と古代史——直木孝次郎
古代の都はどうつくられたか 中国・日本・朝鮮・渤海——吉田 歓
平城京に暮らす 天平びとの泣き笑い——馬場 基
すべての道は平城京へ 古代国家の〈支配の道〉——市 大樹
都はなぜ移るのか 遷都の古代史——仁藤敦史
聖武天皇が造った都 難波宮・恭仁宮・紫香楽宮——小笠原好彦
古代の都と神々 怪異を吸いとる神社——榎村寛之
平安朝 女性のライフサイクル——服藤早苗
平安京のニオイ——安田政彦
平安京の災害史 都市の危機と再生——北村優季
天台仏教と平安朝文人——後藤昭雄
藤原摂関家の誕生 平安時代史の扉——米田雄介
安倍晴明 陰陽師たちの平安時代——繁田信一
源氏物語の風景 王朝時代の都の暮らし——朧谷 寿
古代の神社と祭り——三宅和朗
時間の古代史 霊鬼の夜、秩序の昼——三宅和朗

中世史

源氏と坂東武士——野口 実
鎌倉源氏三代記 一門・重臣と源家将軍——永井 晋
吾妻鏡の謎——奥富敬之
鎌倉北条氏の興亡——奥富敬之
都市鎌倉の中世史 吾妻鏡の舞台と主役たち——秋山哲雄
源 義経——元木泰雄
弓矢と刀剣 中世合戦の実像——近藤好和
騎兵と歩兵の中世史——近藤好和
その後の東国武士団 源平合戦以後——関 幸彦
声と顔の中世史 戦さと訴訟の場景より——蔵持重裕
運 慶 その人と芸術——副島弘道

歴史文化ライブラリー

北条政子 尼将軍の時代——野村育世
乳母の力 歴史を支えた女たち——田端泰子
荒ぶるスサノヲ、七変化〈中世神話〉の世界——斎藤英喜
曽我物語の史実と虚構——坂井孝一
日　蓮——中尾　堯
捨聖《すてひじり》一遍——今井雅晴
神風の武士像 蒙古合戦の真実——関　幸彦
鎌倉幕府の滅亡——細川重男
足利尊氏と直義 京の夢、鎌倉の夢——峰岸純夫
東国の南北朝動乱 北畠親房と国人——伊藤喜良
中世の巨大地震——矢田俊文
大飢饉、室町社会を襲う！——清水克行
平泉中尊寺 金色堂と経の世界——佐々木邦世
贈答と宴会の中世——盛本昌広
中世の借金事情——井原今朝男
庭園の中世史 足利義政と東山山荘——飛田範夫
土一揆の時代——神田千里
山城国一揆と戦国社会——川岡　勉
一休とは何か——今泉淑夫
中世武士の城——齋藤慎一
武田信玄——平山　優
歴史の旅 武田信玄を歩く——秋山　敬
武田信玄像の謎——藤本正行
戦国大名の危機管理——黒田基樹
戦国時代の足利将軍——山田康弘
戦国を生きた公家の妻たち——後藤みち子
鉄砲と戦国合戦——宇田川武久
よみがえる安土城——木戸雅寿
検証 本能寺の変——谷口克広
加藤清正 朝鮮侵略の実像——北島万次
北政所と淀殿 豊臣家を守ろうとした妻たち——小和田哲男
偽りの外交使節 室町時代の日朝関係——橋本　雄
朝鮮人のみた中世日本——関　周一
ザビエルの同伴者 アンジロー 戦国時代の国際人——岸野　久
海賊たちの中世——金谷匡人
中世 瀬戸内海の旅人たち——山内　譲

近世史

神君家康の誕生 東照宮と権現様——曽根原　理
江戸の政権交代と武家屋敷——岩本　馨
江戸御留守居役 近世の外交官——笠谷和比古

歴史文化ライブラリー

検証 島原天草一揆——大橋幸泰
隠居大名の江戸暮らし 年中行事と食生活——江後迪子
大名行列を解剖する 江戸の人材派遣——根岸茂夫
江戸大名の本家と分家——野口朋隆
赤穂浪士の実像——谷口眞子
〈甲賀忍者〉の実像——藤田和敏
大江戸八百八町と町名主——片倉比佐子
江戸の武家名鑑 武鑑と出版競争——藤實久美子
武士という身分 城下町萩の大名家臣団——森下 徹
次男坊たちの江戸時代 公家社会の〈厄介者〉——松田敬之
宮中のシェフ、鶴をさばく 江戸時代の朝廷と庖丁道——西村慎太郎
江戸時代の孝行者 「孝義録」の世界——菅野則子
近世の百姓世界——白川部達夫
江戸の寺社めぐり 鎌倉・江ノ島・お伊勢さん——原 淳一郎
宿場の日本史 街道に生きる——宇佐美ミサ子
〈身売り〉の日本史 人身売買から年季奉公へ——下重 清
江戸の捨て子たち その肖像——沢山美果子
歴史人口学で読む江戸日本——浜野 潔
京のオランダ人 阿蘭陀宿海老屋の実態——片桐一男
それでも江戸は鎖国だったのか オランダ宿日本橋長崎屋——片桐一男

江戸の文人サロン 知識人と芸術家たち——揖斐 高
葛飾北斎——永田生慈
北斎の謎を解く 生活・芸術・信仰——諏訪春雄
江戸と上方 人・モノ・カネ・情報——林 玲子
江戸店《だな》の明け暮れ——林 玲子
エトロフ島 つくられた国境——菊池勇夫
災害都市江戸と地下室——小沢詠美子
浅間山大噴火——渡辺尚志
アスファルトの下の江戸 住まいと暮らし——寺島孝一
江戸の流行り病 麻疹騒動はなぜ起こったのか——鈴木則子
江戸幕府の日本地図 国絵図・城絵図・日本図——川村博忠
江戸城が消えていく 『江戸名所図会』の到達点——千葉正樹
都市図の系譜と江戸——小澤 弘
江戸の地図屋さん 販売競争の舞台裏——俵 元昭
近世の仏教 華ひらく思想と文化——末木文美士
江戸時代の遊行聖——圭室文雄
幕末民衆文化異聞 真宗門徒の四季——奈倉哲三
江戸の風刺画——南 和男
幕末維新の風刺画——南 和男
ある文人代官の幕末日記 林鶴梁の日常——保田晴男

歴史文化ライブラリー

幕末の世直し 万人の戦争状態——須田 努
幕末の海防戦略 異国船を隔離せよ——上白石 実
黒船来航と音楽——笠原 潔
黒船がやってきた 幕末の情報ネットワーク——岩田みゆき
幕末日本と対外戦争の危機 下関戦争の舞台裏——保谷 徹

近・現代史

幕末明治 横浜写真館物語——斎藤多喜夫
横井小楠 その思想と行動——三上一夫
水戸学と明治維新——吉田俊純
旧幕臣の明治維新 沼津兵学校とその群像——樋口雄彦
大久保利通と明治維新——佐々木 克
維新政府の密偵たち 御庭番と警察のあいだ——大日方純夫
明治維新と豪農 古橋暉皃の生涯——高木俊輔
文明開化 失われた風俗——百瀬 響
西南戦争 戦争の大義と動員される民衆——猪飼隆明
明治外交官物語 鹿鳴館の時代——犬塚孝明
自由民権運動の系譜 近代日本の言論の力——稲田雅洋
明治の政治家と信仰 クリスチャン民権家の肖像——小川原正道
福沢諭吉と福住正兄《ふくずみまさえ》 世界と地域の視座——金原左門
日赤の創始者 佐野常民《つねたみ》——吉川龍子
文明開化と差別——今西 一
アマテラスと天皇 〈政治シンボル〉の近代史——千葉 慶
明治の皇室建築 国家が求めた〈和風〉像——小沢朝江
明治神宮の出現——山口輝臣
日清・日露戦争と写真報道 戦場を駆ける写真師たち——井上祐子
博覧会と明治の日本——國 雄行
公園の誕生——小野良平
啄木短歌に時代を読む——近藤典彦
東京都の誕生——藤野 敦
町火消たちの近代 東京の消防史——鈴木 淳
鉄道忌避伝説の謎 汽車が来た町、来なかった町——青木栄一
家庭料理の近代——江原絢子
お米と食の近代史——大豆生田 稔
近現代日本の農村 農政の原点をさぐる——庄司俊作
失業と救済の近代史——加瀬和俊
選挙違反の歴史 ウラからみた日本の一〇〇年——季武嘉也
東京大学物語 まだ君が若かったころ——中野 実
海外観光旅行の誕生——有山輝雄
関東大震災と戒厳令——松尾章一
モダン都市の誕生 大阪の街・東京の街——橋爪紳也

歴史文化ライブラリー

- 霊場の思想 ―― 佐藤弘夫
- 四国遍路 さまざまな祈りの世界 ―― 星野英紀・浅川泰宏
- 跋扈《ばっこ》する怨霊 祟りと鎮魂の日本史 ―― 山田雄司
- 藤原鎌足、時空をかける 変身と再生の日本史 ―― 黒田 智
- 変貌する清盛 『平家物語』を書きかえる ―― 樋口大祐
- 鎌倉 古寺を歩く 宗教都市の風景 ―― 松尾剛次
- 鎌倉大仏の謎 ―― 塩澤寛樹
- 日本禅宗の伝説と歴史 ―― 中尾良信
- 水墨画にあそぶ 禅僧たちの風雅 ―― 高橋範子
- 日本人の他界観 ―― 久野 昭
- 観音浄土に船出した人びと 熊野と補陀落渡海 ―― 根井 浄
- 浦島太郎の日本史 ―― 三舟隆之
- 宗教社会史の構想 真宗門徒の信仰と生活 ―― 有元正雄
- 読経の世界 能読の誕生 ―― 清水眞澄
- 戒名のはなし ―― 藤井正雄
- 仏画の見かた 描かれた仏たち ―― 中野照男
- ほとけを造った人びと 止利仏師から運慶・快慶まで ―― 根立研介
- 〈日本美術〉の発見 岡倉天心がめざしたもの ―― 吉田千鶴子
- 祇園祭 祝祭の京都 ―― 川嶋將生
- 茶の湯の文化史 近世の茶人たち ―― 谷端昭夫
- 海を渡った陶磁器 ―― 大橋康二
- 時代劇と風俗考証 やさしい有職故実入門 ―― 二木謙一
- 歌舞伎の源流 ―― 諏訪春雄
- 歌舞伎と人形浄瑠璃 ―― 田口章子
- 落語の博物誌 江戸の文化を読む ―― 岩崎均史
- 大江戸飼い鳥草紙 江戸のペットブーム ―― 細川博昭
- 神社の本殿 建築にみる神の空間 ―― 三浦正幸
- 古建築修復に生きる 屋根職人の世界 ―― 原田多加司
- 風水と家相の歴史 ―― 宮内貴久
- 日本人の姓・苗字・名前 人名に刻まれた歴史 ―― 大藤 修
- 読みにくい名前はなぜ増えたか ―― 佐藤 稔
- 数え方の日本史 ―― 三保忠夫
- 大相撲行司の世界 ―― 根間弘海
- 武道の誕生 ―― 井上 俊
- 日本料理の歴史 ―― 熊倉功夫
- 吉兆 湯木貞一 料理の道 ―― 末廣幸代
- アイヌ文化誌ノート ―― 佐々木利和
- 宮本武蔵の読まれ方 ―― 櫻井良樹
- 流行歌の誕生 「カチューシャの唄」とその時代 ―― 永嶺重敏
- 話し言葉の日本史 ―― 野村剛史

歴史文化ライブラリー

日本語はだれのものか――川口　良　角田史幸
「国語」という呪縛　国語から日本語へ、そして○○語へ――川口　良　角田史幸
柳宗悦と民藝の現在――松井　健
遊牧という文化　移動の生活戦略――松井　健
薬と日本人――山崎幹夫
マザーグースと日本人――鷲津名都江
金属が語る日本史　銭貨・日本刀・鉄炮――齋藤　努
バイオロジー事始　異文化と出会った明治人たち――鈴木善次
ヒトとミミズの生活誌――中村方子
書物に魅せられた英国人　フランク・ホーレーと日本文化――横山　學
災害復興の日本史――安田政彦
夏が来なかった時代　歴史を動かした気候変動――桜井邦朋
天才たちの宇宙像――桜井邦朋

民俗学・人類学

歴史と民俗のあいだ　海と都市の視点から――宮田　登
神々の原像　祭祀の小宇宙――新谷尚紀
女人禁制――鈴木正崇
民俗都市の人びと――倉石忠彦
鬼の復権――萩原秀三郎
海の生活誌　半島と島の暮らし――山口　徹
山の民俗誌――湯川洋司
雑穀を旅する――増田昭子
自然を生きる技術　暮らしの民俗自然誌――篠原　徹
川は誰のものか　人と環境の民俗学――菅　豊
番と衆　日本社会の東と西――福田アジオ
記憶すること・記録すること　聞き書き論ノート――香月洋一郎
番茶と日本人――中村羊一郎
踊りの宇宙　日本の民族芸能――三隅治雄
日本の祭りを読み解く――真野俊和
江戸東京歳時記――長沢利明
柳田国男　その生涯と思想――川田　稔
婚姻の民俗　東アジアの視点から――江守五夫
海のモンゴロイド　ポリネシア人の祖先をもとめて――片山一道

各冊一七八五円～一九九五円（各5％の税込）
▽残部僅少の書目も掲載してあります。品切の節はご容赦下さい。